KOMPLETNA KUHARICA LJUBITELJA KAMENICA

Istraživanje svijeta kamenica kroz 100 neodoljivih kreacija

FRANJO HORVATINČIĆ

Materijal autorskih prava ©2023

Sva prava pridržana

Nijedan dio ove knjige ne smije se koristiti ili prenositi u bilo kojem obliku ili na bilo koji način bez odgovarajućeg pisanog pristanka izdavača i vlasnika autorskih prava, osim kratkih citata korištenih u recenziji. Ovu knjigu ne treba smatrati zamjenom za medicinske, pravne ili druge stručne savjete.

SADRŽAJ

SADRŽAJ 3
UVOD 6
DORUČAK 7
   1. Omlet od kamenica 8
   2. Hangtown Fry s parmezanom i svježim začinskim biljem 10
   3. Kamenice Benedikt 12
   4. Fritata od kamenica i špinata 14
   5. Tost od kamenica i avokada 16
   6. Bagel od kamenica i krem sira 18
   7. Haš za doručak od kamenica 20
   8. Omot za doručak od kamenica i špinata 22
   9. Quiche za doručak od kamenica i slanine 24
   10. Fritata od kamenica i šparoga 26
   11. Keksi za doručak s kamenicama i cheddarom 28
   12. Palačinke od kamenica i kukuruznog brašna 30
   13. Takosi za doručak od kamenica 32
   14. Sendvič s bagelom od kamenica i dimljenog lososa 34
   15. Zdjela za doručak s kamenicama i grizom 36
   16. Palačinke za doručak od kamenica i gljiva 38
GLICASE I PREDJELA 40
   17. Kroketi od kamenica 41
   18. Bruskete od kamenica i rajčice 43
   19. Oyster Sushi Rolls 45
   20. Crostini s kamenicama i plavim sirom 47
   21. Cajun prženi škampi i kamenice 49
   22. Pržene kamenice 51
   23. Ceviche od kamenica i habanera 53
   24. Zalogaji slanine i kamenica 55
   25. Kamenice i kavijar 57
   26. Proljetne rolice s kamenicama 59
   27. Tempura pržene kamenice 61
   28. Classic Oysters Rockefeller 63
   29. Oyster Shooters 65
   30. Predjela umotana u kamenice i slaninu 67
   31. Začinjeni umak od kamenica 69
   32. Kanapei od kamenica i krastavaca 71
   33. Salsa tostadas od kamenica i manga 73
   34. Kamenice i Pesto Crostini 75
   35. Jalapeño poppers od kamenica i slanine 77
   36. Guacamole od kamenica i manga 79
   37. Gljive punjene kamenicama i kozjim sirom 81
   38. Ražnjići od kamenica i ananasa 83
   39. Rolice od kamenica i pršuta 85
   40. Ceviche od kamenica i manga 87

41. ESCARGOT STYLE S MASLACEM OD KAMENICA I ČEŠNJAKA 89
42. KAMENICE NA ŠPANJOLSKI NAČIN 91
43. PONZU KAMENICE 93
44. KAMENICE MIGNONETTE 95
45. KRASTAVAC I LIČI GRANITA KAMENICE 97
46. SALSA VERDE KAMENICE 99
47. KILPATRICK OYSTERS 101
48. GIN & TONIC KAMENICE 103
49. KAMENICE OD JABUČNOG JABUKOVAČE 105

GLAVA 107

50. REZANCI OD KAMENICA 108
51. TEPSIJA OD KAMENICA 110
52. JAMBALAYA OD KAMENICA I KOBASICA 112
53. PAPRIKAŠ OD KAMENICA 114
54. LOSOS S KAMENICAMA I ALGAMA 116
55. JUHA OD KAMENICA 118
56. JEDNOSTAVNE KAMENICE NA ŽARU 120
57. ČEŠNJAK ASIAGO KAMENICE 122
58. WASABI KAMENICE 124
59. RIŽOTO OD KAMENICA I GLJIVA 126
60. ZAČINJENE DIMLJENE KAMENICE 128
61. KAMENICE S UMAKOM MIGNONETTE 130
62. KAMENICE SA ŠAMPANJCEM SABAYON 132
63. PRŽENE KAMENICE S KONFETIMA OD ČILIJA I ČEŠNJAKA 134
64. KAMENICE NA ŽARU S MASLACEM OD ČEŠNJAKA I PARMEZANA 136
65. OYSTER PO' BOY 138
66. VIRGINIA ŠUNKA I KAMENICE 140
67. KAMENICE I ŠKOLJKE 142
68. PILEĆA PRSA PUNJENA KAMENICAMA I ŠPINATOM 144
69. TJESTENINA S KAMENICAMA I ŠKAMPIMA 146
70. TAKOSI OD KAMENICA NA ŽARU 148
71. OSTRIGE I SLANINA CARBONARA 150
72. OYSTER AND TERIYAKI STIR-FRY 152

JUHE I JUHE 154

73. BISKVIT OD JASTOGA U CROCKPOTU 155
74. ČORBA OD KAMENICA I SLATKOG KRUMPIRA 157
75. ČORBA OD KAMENICA I KUKURUZA 159
76. JUHA OD KAMENICA S ĐUMBIROM 161
77. DIMLJENA JUHA OD KAMENICA I KRUMPIRA 163
78. JUHA OD LOTOSOVOG KORIJENA I GLJIVA 165
79. LAGNIAPPE ČILI 167
80. ZAČINJENA JUHA OD KAMENICA I RAJČICE 170
81. KRUMPIROVA JUHA OD KAMENICA I PORILUKA 172
82. ZDJELA OD AZIJSKE KRIZANTEME 174
83. BISKVIT OD KAMENICA I ŠUMSKIH GLJIVA 176
84. JUHA OD KAMENICA I PEČENE CRVENE PAPRIKE 178

85. Velouté od kamenica i kukuruza 180
86. Juha od plodova mora od kamenica i šafrana 182
87. Kremasta juha od kamenica i krumpira 184
88. Juha od kamenica i celera 186
89. Dimljena juha od kamenica 188
90. Biskvit od kamenica i komorača 190

SALATE I PRILOZI **192**

91. Salata od kamenica i avokada 193
92. Rockefeller salata od kamenica 195
93. Salata od kamenica i kvinoje od nara 197
94. Salata od kamenica i krastavaca od avokada 199
95. Salata od kamenica i manga s preljevom od čili-limete 201
96. Salata od kamenica i lubenice 203
97. Salata od kamenica i šparoga 205
98. Salata od kamenica i kvinoje 207
99. Salata od kamenica i kus-kusa 209
100. Slag od kamenica i rotkvica 211

ZAKLJUČAK **213**

UVOD

Malo koje morsko blago u svijetu gastronomije plijeni osjetila i raspaljuje kulinarsku strast poput kamenica. Njihova slankasta sočnost i prepoznatljive teksture stoljećima su isplele priče o pomorskom uživanju, stvarajući nasljeđe koje nadilazi vrijeme i plimu. Dobrodošli u "Kompletna kuharica ljubitelja kamenica" kulinarski zbornik koji vas poziva da krenete na impresivno putovanje kroz neobično carstvo kamenica.

Kad otvorimo stranice ove kuharice, zakoračimo u svijet u kojem simfonija mora dirigira kulinarskom pričom. Kamenice, sa svojom bogatom poviješću i raznolikim sortama, postaju ne samo sastojci, već i protagonisti u gastronomskoj priči koja se odvija kroz obalne krajolike, pomorsku tradiciju i kuhinje strastvenih ljubitelja kamenica.

Zamislite surove obale, gdje plima i oseka diktiraju ritam života. Zamislite živahne tržnice plodova mora, vrve od energije ribara koji donose dnevni ulov. Zamislite zajedničku radost zabava i intimnih okupljanja u kojima kamenice zauzimaju središnje mjesto, a svaka školjka je posuda koja nosi esenciju oceana do željnog nepca.

Ova je kuharica putovnica za istraživanje nijansiranog umijeća obožavanja kamenica. Nadilazi sam čin ljuštenja, pozivajući vas da razotkrijete misterije raznih vrsta kamenica, shvatite suptilnu međuigru okusa i ovladate tehnikama koje ove mekušce pretvaraju u kulinarska remek-djela. Od baršunastog zagrljaja sirovih kamenica do cvrčave privlačnosti kuhanih kreacija, svaki je recept ljubavno pismo višestrukom šarmu ovih oceanskih dragulja.

Bilo da ste iskusni ljubitelj kamenica ili netko tko je krenuo na putovanje istraživanja kamenica, ove su stranice kulinarsko utočište. Pridružite nam se dok istražujemo nijanse terroira kamenica, eksperimentiramo s inventivnim kombinacijama i slavimo bezvremensku privlačnost ovih čuda školjkaša. Krenimo zajedno složenim, bogatim i neodoljivim svijetom kamenica—putovanjem koje ne obećava samo slatke zalogaje, već i duboko poštovanje za oceansku blagodat.

Dakle, s nožem za kamenice u ruci i osjećajem kulinarske avanture, neka istraživanje počne. Neka vaša kuhinja bude platno za okuse mora, a "Cjelovita kuharica ljubitelja kamenica" neka bude vaš pouzdani vodič kroz očaravajući svijet uživanja u kamenicama.

DORUČAK

1.Omlet od kamenica

SASTOJCI:
- 1 tucet malih kamenica, oljuštenih, oko 10-12 unci
- 2 razmućena jaja
- 2 žlice brašna od batata
- 1/4 šalice vode
- Sitno sjeckani cilantro i zeleni luk
- Sol papar
- 2 žlice masti ili ulja za prženje

UPUTE:
a) U velikoj zdjeli izradite rijetku smjesu od brašna od batata i vode. Pazite da se brašno potpuno otopi.
b) Zagrijte tavu do dimljenja. Površinu tepsije premažite mašću ili uljem.
c) Ulijte tijesto od batata. Kad je gotovo potpuno stvrdnuto, ali još mokro odozgo, ulijte jaja razmućena sa soli i paprom.
d) Kada donja strana omleta sa škrobnom koricom postane zlatna, a razmućeno jaje napola stvrdnuto, lopaticom izlomite omlet na komade. Gurnite ih na jednu stranu.
e) Dodajte kamenice, zeleni luk i cilantro i miješajući pržite 1/2 minute. Savijte i prelijte jajetom.
f) Poslužite uz ljuti umak ili slatki čili umak po izboru.

2. Hangtown Fry s parmezanom i svježim začinskim biljem

SASTOJCI:
- 6 velikih jaja
- ¼ šalice gustog vrhnja
- 2 crtice umaka od ljutih papričica
- 1 žličica nasjeckanog svježeg bosiljka
- 1 žličica nasjeckanog svježeg origana
- ¼ žličice svježe mljevenog crnog papra
- ⅓ šalice svježe ribanog parmezana, podijeljeno
- 1 žličica maslinovog ulja
- 1 žlica maslaca
- 12 oljuštenih malih kamenica, ocijeđenih
- 2 žlice nasjeckanog svježeg peršina

UPUTE:
a) Prethodno zagrijte brojler; postavite rešetku oko 5 inča od jedinice za pečenje.
b) U posudi umutiti jaja. Dodajte vrhnje, ljuti umak, bosiljak, origano, crni papar i 1 žlica naribanog parmezana.
c) Zagrijte ulje u tavi na srednje jakoj vatri. Otopite maslac u tavi i promiješajte okolo da ravnomjerno prekrijete tavu. Stavite kamenice u tavu i popržite ih s obje strane, oko 1 minutu sa svake strane. Neka se tekućina malo smanji, oko 30 sekundi duže.
d) Polako prelijte smjesu jaja preko kamenica, držeći kamenice ravnomjerno raspoređene u tavi. Nakon 30-ak sekundi lagano protresite posudu ali nemojte miješati. Nakon otprilike 3 minuta kada se dno i stranice jaja počnu stvrdnjavati, pospite preostalim sira na vrhu i stavite posudu ispod brojlera.
e) Pecite dok jaja ne počnu napuhnuti oko rubova i dok se vrh lijepo ne zapeče, 5 do 7 minuta. Izvadite iz pećnice; pospi nasjeckanim peršinom. Poslužite odmah

3. Kamenice Benedikt

SASTOJCI:
- 4 engleska muffina, podijeljena i tostirana
- 8 poširanih jaja
- 16 svježih kamenica, lagano poširanih
- Hollandaise umak
- Nasjeckani vlasac za ukras

UPUTE:
a) Stavite dva poširana jaja na svaku polovicu engleskog muffina.
b) Na svaku stavite po dvije poširane kamenice.
c) Žlicom prelijte holandski umak preko kamenica.
d) Ukrasite nasjeckanim vlascem.
e) Poslužite odmah.

4. Fritata od kamenica i špinata

SASTOJCI:
- 12 svježih kamenica, oljuštenih
- 1 šalica svježeg špinata, nasjeckanog
- 8 jaja
- 1/2 šalice mlijeka
- Posolite i popaprite po ukusu
- 1 šalica naribanog Gruyere sira

UPUTE:
a) Zagrijte pećnicu na 375°F (190°C).
b) U zdjeli umutite jaja, mlijeko, sol i papar.
c) Namastite tavu za pećnicu i stavite je na srednju vatru.
d) Dodajte špinat i kuhajte dok ne uvene.
e) Pospite oljuštene kamenice po špinatu.
f) Smjesu jaja prelijte preko kamenica i špinata.
g) Po vrhu pospite naribani sir Gruyere.
h) Prebacite tavu u pećnicu i pecite 20-25 minuta ili dok se ne stegne.
i) Narežite i poslužite.

5.Tost s kamenicama i avokadom

SASTOJCI:
- 4 kriške kruha od cjelovitog zrna, prepečenog
- 2 zrela avokada, zgnječena
- 8 svježih kamenica, oljuštenih
- Sok od limuna
- Pahuljice crvene paprike (po želji)
- Posolite i popaprite po ukusu

UPUTE:
a) Na svaku krišku tostiranog kruha ravnomjerno rasporedite pasirani avokado.
b) Stavite dvije oljuštene kamenice na vrh svakog tosta.
c) Preko svakog tosta iscijedite malo limunova soka.
d) Po želji začinite solju, paprom i listićima crvene paprike.
e) Poslužite odmah.

6.Bagel od kamenica i krem sira

SASTOJCI:
- 4 peciva, podijeljena i tostirana
- 8 unci krem sira, omekšalog
- 16 svježih kamenica, poširanih ili pečenih na žaru
- Kapari za ukras
- Svježi kopar za ukras

UPUTE:
a) Svaku polovicu tostiranih peciva premažite krem sirom.
b) Stavite poširane ili pečene kamenice na krem sir.
c) Ukrasite kaparima i svježim koprom.
d) Poslužite otvoreno.

7. Haš za doručak od kamenica

SASTOJCI:
- 1 funta krumpira, narezanog na kockice
- 1 glavica luka, narezana na kockice
- 1 crvena paprika, narezana na kockice
- 16 svježih kamenica, oljuštenih
- 4 jaja
- Posolite i popaprite po ukusu
- Svježi peršin za ukras

UPUTE:
a) U tavi kuhajte krumpir dok ne porumeni i postane hrskav.
b) U tavu dodajte luk i papriku i pirjajte dok ne omekšaju.
c) Dodajte oljuštene kamenice i kuhajte dok se ne zagriju.
d) U posebnoj tavi ispecite jaja po želji.
e) Hašiš od kamenica poslužite preliven pečenim jajetom.
f) Ukrasite solju, paprom i svježim peršinom.

8.Omot za doručak od kamenica i špinata

SASTOJCI:
- 4 velike tortilje od brašna
- 1 šalica svježeg špinata, pirjanog
- 16 svježih kamenica, pečenih na žaru ili u tavi
- 1 šalica feta sira, izmrvljenog
- ljuti umak (po želji)

UPUTE:
a) Stavite svaku tortilju i ravnomjerno rasporedite pirjani špinat.
b) Na vrh špinata stavite kamenice pečene na žaru ili u tavi.
c) Preko kamenica pospite izmrvljeni feta sir.
d) Po želji prelijte ljutim umakom.
e) Smotajte tortilje u zamotuljke i poslužite.

9. Quiche za doručak s kamenicama i slaninom

SASTOJCI:
- 1 prethodno napravljena kora za pitu
- 12 svježih kamenica, oljuštenih
- 6 kriški slanine, kuhane i izmrvljene
- 1 šalica nasjeckanog švicarskog sira
- 4 jaja
- 1 šalica pola-pola
- Posolite i popaprite po ukusu

UPUTE:
a) Zagrijte pećnicu na 375°F (190°C).
b) Stavite koru za pitu u posudu za pitu.
c) Pospite oljuštene kamenice i izmrvljenu slaninu po kori.
d) Po vrhu pospite naribani švicarski sir.
e) U zdjeli umutite jaja, pola-pola, sol i papar.
f) Smjesu jaja prelijte preko kamenica, slanine i sira.
g) Pecite 35-40 minuta ili dok se quiche ne stegne.
h) Ostavite da se malo ohladi prije rezanja i posluživanja.

10. Fritata od kamenica i šparoga

SASTOJCI:
- 12 svježih kamenica, oljuštenih
- 1 šalica nasjeckanih šparoga
- 8 jaja
- 1/2 šalice ribanog parmezana
- Posolite i popaprite po ukusu
- 2 žlice maslinovog ulja

UPUTE:
a) Zagrijte pećnicu na 375°F (190°C).
b) U tavi prikladnoj za pećnicu pirjajte šparoge na maslinovom ulju dok malo ne omekšaju.
c) U tavu dodajte oljuštene kamenice i kuhajte ih nekoliko minuta.
d) U zdjeli umutite jaja, parmezan, sol i papar.
e) Smjesu od jaja prelijte preko šparoga i kamenica.
f) Kuhajte na ploči štednjaka nekoliko minuta, a zatim prebacite u pećnicu.
g) Pecite dok se fritaja ne stegne i ne porumeni.
h) Narežite i poslužite.

11. Keksi za doručak s kamenicama i cheddarom

SASTOJCI:
- 8 keksa, podijeljenih i prepečenih
- 16 svježih kamenica, lagano poširanih
- 1 šalica nasjeckanog cheddar sira
- 1/2 šalice majoneze
- 1 žlica Dijon senfa
- Svježi kopar za ukras

UPUTE:
a) U zdjeli pomiješajte nasjeckani cheddar, majonezu i dijon senf.
b) Svaku polovicu tostiranog keksa namažite smjesom cheddara.
c) Na vrh stavite lagano poširane kamenice.
d) Ukrasite svježim koprom.
e) Poslužite kao otvorene sendviče za doručak.

12. Palačinke od kamenica i kukuruznog brašna

SASTOJCI:
- 1 šalica kukuruznog brašna
- 1 šalica višenamjenskog brašna
- 2 žličice praška za pecivo
- 1/2 žličice soli
- 2 jaja
- 1 šalica mlijeka
- 16 svježih kamenica, oljuštenih
- Maslac za kuhanje

UPUTE:
a) U zdjeli pomiješajte kukuruznu krupicu, brašno, prašak za pecivo i sol.
b) U drugoj zdjeli umutiti jaja i mlijeko pa dodati suhim sastojcima .
c) Zagrijte tavu ili tavu i otopite maslac.
d) Žlicom stavite tijesto za palačinke na rešetku i na svaku palačinku stavite po jednu oljuštenu kamenicu.
e) Kuhajte dok se na površini ne stvore mjehurići, zatim okrenite i ispecite drugu stranu.
f) Poslužite s javorovim sirupom ili ljutim umakom.

13.Tacosi za doručak od kamenica

SASTOJCI:
- 8 malih kukuruznih tortilja
- 16 svježih kamenica, pečenih na žaru ili u tavi
- 1 šalica mješavine salate od kupusa
- 1/2 šalice rajčice narezane na kockice
- Chipotle mayo za prelijevanje
- Svježi cilantro za ukras

UPUTE:
a) Zagrijte kukuruzne tortilje u suhoj tavi ili mikrovalnoj pećnici.
b) Na svaku tortilju stavite kamenice pečene na žaru ili u tavi.
c) Prelijte mješavinom salate od kupusa i rajčicom narezanom na kockice.
d) Prelijte chipotle majonezom.
e) Ukrasite svježim cilantrom.
f) Poslužite kao ukusne tacose za doručak.

14. Sendvič s bagelom od kamenica i dimljenog lososa

SASTOJCI:
- 4 peciva od svega, podijeljena i tostirana
- 8 unci dimljenog lososa
- 16 svježih kamenica, poširanih ili pečenih na žaru
- Kremasti sir
- Kriške crvenog luka
- Kapari za ukras

UPUTE:
a) Svaku polovicu tostiranih peciva premažite krem sirom.
b) Na donju polovicu stavite ploške dimljenog lososa.
c) Na vrh stavite poširane kamenice ili kamenice na žaru.
d) Dodajte ploške crvenog luka i kapare.
e) Na vrh stavite drugu polovicu peciva.
f) Poslužite kao zadovoljavajući bagel sendvič.

15. Zdjela za doručak s kamenicama i grizom

SASTOJCI:
- 1 šalica griza, kuhanog
- 16 svježih kamenica, lagano poširanih
- 1 šalica cherry rajčica, prepolovljenih
- 1/4 šalice zelenog luka, nasjeckanog
- Ljuti umak za prelijevanje
- Poširana jaja (po želji)

UPUTE:
a) Žgance skuhati prema pakiranju UPUTA:.
b) Kuhane žgance stavljajte u zdjelice.
c) Na vrh stavite lagano poširane kamenice, cherry rajčice i mladi luk.
d) Prelijte ljutim umakom.
e) Po želji na vrh dodajte poširana jaja.
f) Poslužite toplo.

16. Palačinke za doručak od kamenica i gljiva

SASTOJCI:
- 8 palačinki (kupovne ili domaće)
- 16 svježih kamenica, pirjanih ili pečenih na žaru
- 1 šalica gljiva, narezanih na ploške
- 1/2 šalice Gruyere sira, naribanog
- Svježi timijan za ukras
- Posolite i popaprite po ukusu

UPUTE:
a) U svaku palačinku stavite pirjane ili pečene kamenice i narezane gljive.
b) Pospite Gruyere sir preko kamenica i gljiva.
c) Posolite i popaprite.
d) Složite palačinke i stavite ih u posudu za pečenje.
e) Pecite dok se sir ne otopi i postane mjehurić.
f) Ukrasite svježim timijanom i poslužite.

GLICASE I PREDJELA

17. Kroketi od kamenica

SASTOJCI:

- ¼ šalice maslaca
- ¼ šalice višenamjenskog brašna
- 1 šalica mlijeka
- Sol
- Svježe mljeveni papar
- 3 žlice maslaca
- 4 mljevena ljutika
- 1 funta mljevenih gljiva
- 24 Oljuštene i tapkane suhe kamenice
- (za duboko prženje) biljno ulje
- 3 jajeta
- Višenamjensko brašno
- 4 šalice svježih krušnih mrvica
- Potočarka
- Kriške limuna

UPUTE:

a) Otopite ¼ šalice maslaca u teškoj srednjoj posudi na laganoj vatri.

b) Umiješajte ¼ šalice brašna i miješajte 3 minute. Umutite mlijeko i pustite da zavrije. Smanjite vatru i kuhajte 5 minuta uz povremeno miješanje. Posolite i popaprite.

c) Otopite 3 žlice maslaca u jakoj srednjoj tavi na srednje niskoj vatri. Dodajte ljutiku i kuhajte dok ne omekša, povremeno miješajući, oko 5 minuta. Dodajte gljive, pojačajte vatru i kuhajte dok sva tekućina ne ispari uz povremeno miješanje oko 10 minuta. Posolite i popaprite. Umiješajte smjesu gljiva u umak. Cool.

d) Zagrijte tavu na srednje jakoj vatri. Dodajte kamenice i miješajte 2 minute.

e) Cool.

f) Zagrijte ulje na 425 stupnjeva. u fritezi ili teškoj velikoj tavi. Istucite jaja da se pomiješaju s 1 žlicom biljnog ulja. Stavite umak oko svake kamenice, oblikujući oblik cigare. Uspite u brašno, otresajući višak. Umočite u smjesu jaja. Uvaljati u krušne mrvice. Pržite u serijama dok ne porumene, oko 4 minute. Izvadite šupljikavom žlicom i ocijedite na papirnatim ručnicima.

g) Rasporedite krokete na pladanj. Ukrasite potočarkom i limunom.

18. Bruskete od kamenica i rajčice

SASTOJCI:
- 1 francuski baguette, narezan i prepečen
- 2 šalice cherry rajčica, prepolovljenih
- 16 svježih kamenica, poširanih ili pečenih na žaru
- Balsamic glazura za prelijevanje
- Listovi svježeg bosiljka za ukras

UPUTE:
a) U zdjeli pomiješajte cherry rajčice sa soli i paprom.
b) Stavite poširane kamenice ili kamenice pečene na žaru na vrh svake prepečene kriške baguettea.
c) Preko kamenica žlicom rasporedite začinjene rajčice.
d) Prelijte glazurom od balzama i ukrasite listićima svježeg bosiljka.
e) Poslužite kao izvrsnu bruschette.

19. Oyster Sushi Rolls

SASTOJCI:
- 4 lista nori (morske trave)
- 2 šalice riže za sushi, kuhane i začinjene
- 16 svježih kamenica, narezanih
- 1 krastavac, julienned
- Soja umak za umakanje
- Ukiseljeni đumbir za posluživanje

UPUTE:
a) Stavite list norija na podlogu za motanje sushija od bambusa.
b) Preko norija rasporedite tanki sloj sushi riže.
c) Na rižu posložite ploške svježih kamenica i juliened krastavca.
d) Sushi čvrsto smotajte i narežite na komade veličine zalogaja.
e) Poslužite uz soja umak i ukiseljeni đumbir.

20.Crostini s kamenicama i plavim sirom

SASTOJCI:
- Kriške bageta, prepečene
- 16 svježih kamenica, lagano poširanih ili pečenih na žaru
- 1/2 šalice plavog sira, izmrvljenog
- Med za podlijevanje
- Sjeckani orasi za ukras

UPUTE:
a) Stavite lagano poširane ili pečene kamenice na prepečene kriške bageta.
b) Preko kamenica pospite izmrvljeni plavi sir.
c) Prelijte medom.
d) Ukrasite nasjeckanim orasima.
e) Poslužite kao elegantni crostini za doručak.

21. Cajun prženi škampi i kamenice

SASTOJCI:
- 1 funta svježih oljuštenih kamenica
- 1 funta jumbo sirovih škampa, oguljenih i očišćenih
- 2 jaja, lagano umućena odvojeno
- ¾ šalice višenamjenskog brašna
- ½ šalice žutog kukuruznog brašna
- 2 žličice Cajun začina
- ½ žličice limunskog papra

2 šalice biljnog ulja, za prženje u dubokom ulju

UPUTE:
a) Stavite kamenice u srednju zdjelu, a škampe u posebnu zdjelu.
b) Pokapajte jaja po škampima i kamenicama (1 jaje po zdjelici) i provjerite je li sve lijepo obloženo. Odložite posude sa strane.
c) U veliku vrećicu za zamrzavanje sa zatvaračem dodajte brašno, kukuruznu krupicu, Cajun začin i limun papar. Protresite vrećicu kako biste bili sigurni da je sve dobro izmiješano.
d) Dodajte škampe u vrećicu i protresite da se prekriju, a zatim izvadite škampe i stavite ih na lim za pečenje. Sada dodajte kamenice u vrećicu i ponovite postupak.
e) U fritezi ili dubokoj tavi zagrijte biljno ulje na oko 350 do 360 stupnjeva F. Pržite škampe dok ne porumene, otprilike 3 do 4 minute. Zatim pržite kamenice dok ne porumene, otprilike 5 minuta.
f) Stavite plodove mora na tanjur obložen papirnatim ručnikom kako biste lakše upili dio viška ulja. Poslužite s omiljenim umakom za umakanje.

22.Pržene kamenice

SASTOJCI:
- 1 litra oljuštenih kamenica, ocijeđenih
- 1/2 šalice višenamjenskog brašna
- 1/2 žličice soli
- 1/4 žličice crnog papra
- 1/4 žličice kajenskog papra
- 2 jaja, istučena
- 1 šalica krušnih mrvica
- Biljno ulje, za prženje

UPUTE:
a) U plitkoj posudi pomiješajte brašno, sol, crni papar i kajenski papar.
b) U drugoj plitkoj posudi umutite jaja.
c) U treću plitku posudu stavite krušne mrvice.
d) Svaku kamenicu prvo umočite u mješavinu brašna, zatim u razmućena jaja i na kraju u krušne mrvice, otresite višak.
e) Zagrijte biljno ulje u velikoj tavi na srednje jakoj vatri.
f) Pržite kamenice u serijama, oko 2-3 minute po strani, ili dok ne porumene i postanu hrskave.
g) Pržene kamenice ocijedite na tanjuru obloženom papirnatim ručnikom.
h) Poslužite vruće s kriškama limuna i tartar umakom.

23.Ceviche od kamenica i habanera

SASTOJCI:
- 8 oljuštenih svježih kamenica
- 1 žlica nasjeckanog cilantra
- 1 žlica sitno narezane rajčice
- ¼ žličice Habanero pirea
- ½ naranče; vrhovni
- ¼ šalice svježe iscijeđenog soka od naranče
- 1 žlica svježe iscijeđenog soka od limuna
- Sol i papar

UPUTE:
a) Pomiješajte sve sastojke u posudi.
b) Posolite i popaprite.
c) Poslužite u polovicama ljuske kamenice.

24. Zalogaji od slanine i kamenica

SASTOJCI:
- 8 kriški Slanina
- ½ šalice Nadjev začinjen biljem
- 1 limenka (5 oz) kamenice; nasjeckana
- ¼ šalice Voda

UPUTE:
a) Zagrijte pećnicu na 350ø. Ploške slanine prerežite na pola i malo prokuhajte. NEMOJTE SE PREKUHATI.
b) Slanina mora biti dovoljno mekana da se lako mota oko kuglica. Pomiješajte nadjev, kamenice i vodu.
c) Razvaljajte loptice veličine zalogaja, otprilike 16 komada.
d) Kuglice omotajte slaninom. Pecite na 350ø 25 minuta. Poslužite toplo.

25. Kamenice i kavijar

SASTOJCI:
- 2 funte morske trave
- 18 Kamenice, na pola ljuske
- 2 mladi luk
- 2 unce crnog kavijara
- 2 limuna

UPUTE:
a) Rasprostrite alge u ravnu košaru. Ohlađene kamenice u ljušturama rasporedite po algama. Mladi luk tanko narežite na kolutove.
b) Pospite 2 ili 3 komada na svaku kamenicu. Svaku prelijte mrvicom kavijara. Poslužite vrlo hladno, popraćeno svježim, tanko narezanim kriškama limuna. Dodajte dobro ohlađen šampanjac.

26. Proljetne rolice od kamenica

SASTOJCI:
- 3 velika omota proljetne rolade
- 6 vodenih kestena, sitno nasjeckanih
- 1 kriška đumbira, sitno nasjeckana
- 3 mlada luka, sitno nasjeckana (uključujući zelene vrhove)
- Nekoliko kapi sezamovog ulja
- 1 žličica svijetlog soja umaka
- 24 kamenice iskliznule iz ljuštura
- Biljno ulje

UPUTE:
a) Svaki omot proljetne rolice narežite na četvrtine.
b) U zdjeli za miješanje pomiješajte sitno nasjeckane vodene kestene, đumbir i mladi luk. Dodajte nekoliko kapi sezamovog ulja i svijetli sojin umak. Dobro promiješajte.
c) Nježno složite kamenice, pazeći da su dobro obložene začinima.
d) Smjesu kamenica ravnomjerno podijelite na kvadrate proljetne rolice.
e) Pažljivo zarolajte svaku proljetnu rolicu, preklopite sa strane da obuhvatite nadjev. Premažite rubove omota vodom kako biste ih zatvorili.
f) U dubokoj tavi ili loncu zagrijte dosta biljnog ulja za prženje.
g) Proljetne rolice pržite na vrućem ulju 2-3 minute ili dok ne postanu zlatne i hrskave.
h) Proljetne rolice izvadite iz ulja i ocijedite ih na zgužvanom kuhinjskom papiru kako biste uklonili višak ulja.
i) Proljetne rolice s kamenicama odmah poslužite.
j) Uživajte u ukusnim proljetnim rolnicama od kamenica!

27.Tempura pržene kamenice

SASTOJCI:
- 12 svježih kamenica
- Biljno ulje, za prženje
- 1 šalica višenamjenskog brašna
- ½ šalice kukuruznog škroba
- ½ žličice soli
- 1 šalica ledeno hladne vode
- Soja umak ili tartar umak, za posluživanje
- Dodaci po izboru: sjemenke sezama, zeleni luk ili kriške limuna

UPUTE:
a) Počnite tako što ćete oljuštiti kamenice i izvaditi ih iz ljuski. Obavezno bacite kamenice koje su se otvorile ili ne izgledaju svježe.
b) Oljuštene kamenice isperite pod hladnom vodom i osušite ih papirnatim ručnicima. Ostavite ih sa strane.
c) Zagrijte biljno ulje u fritezi ili velikom loncu na oko 350°F (175°C).
d) U zdjeli za miješanje pomiješajte višenamjensko brašno, kukuruzni škrob i sol. Postupno dodajte ledeno hladnu vodu, lagano miješajući, dok ne dobijete glatku konzistenciju tijesta. Pazite da ne premiješate; u redu je ako ima nekoliko grudica.
e) Umočite svaku kamenicu u tijesto, pazeći da je ravnomjerno obložena. Pustite da sav višak tijesta kapne prije nego pažljivo stavite kamenice u vruće ulje.
f) Pržite kamenice u serijama, pazeći da ne pretrpate fritezu ili lonac. Kuhajte ih oko 2-3 minute ili dok tijesto za tempura ne postane zlatno i hrskavo.
g) Nakon što su kamenice kuhane, šupljikavom žlicom ili hvataljkama ih izvadite iz ulja i prebacite na tanjur obložen papirnatim ručnicima. To će pomoći upijanju viška ulja.
h) Ponovite postupak s preostalim kamenicama dok sve ne budu kuhane.
i) Poslužite tempura pečene kamenice vruće kao predjelo ili glavno jelo.
j) Možete uživati u njima kakvi jesu ili ih poslužiti sa soja umakom ili tartar umakom za umakanje.
k) Po vrhu pospite sjemenke sezama ili zeleni luk za dodatni okus i ukras. Kriške limuna također se mogu poslužiti sa strane za citrusni okus.

28. Classic Oysters Rockefeller

SASTOJCI:
- 24 svježe kamenice, oljuštene
- 1/2 šalice maslaca
- 1/2 šalice krušnih mrvica
- 1/2 šalice ribanog parmezana
- 1/4 šalice nasjeckanog peršina
- 2 češnja češnjaka, mljevena
- 1 žlica soka od limuna
- Posolite i popaprite po ukusu

UPUTE:
a) Zagrijte pećnicu na 450°F (230°C).
b) U tavi rastopite maslac i pirjajte češnjak dok ne zamiriše.
c) Dodajte krušne mrvice, parmezan, peršin, limunov sok, sol i papar u tavu. Dobro promiješajte.
d) Oljuštene kamenice stavite na lim za pečenje.
e) Svaku kamenicu pospite smjesom od krušnih mrvica.
f) Pecite 10-12 minuta ili dok preljev ne porumeni.
g) Poslužite vruće.

29. Strijelci kamenica

SASTOJCI:
- 12 svježih kamenica, oljuštenih
- 1 šalica soka od rajčice
- 1/4 šalice votke
- 1 žlica ljutog umaka
- 1 žlica hrena
- Kriške limuna za ukras

UPUTE:
a) U posudi pomiješajte sok od rajčice, votku, ljuti umak i hren.
b) Stavite oljuštenu kamenicu u čašu.
c) Prelijte kamenicu mješavinom soka od rajčice.
d) Ukrasite kriškom limuna.
e) Poslužite ohlađeno.

30. Predjela umotana u kamenice i slaninu

SASTOJCI:
- 16 svježih kamenica, oljuštenih
- 8 kriški slanine, prerezanih na pola
- Čačkalice

UPUTE:
a) Zagrijte pećnicu na 400°F (200°C).
b) Svaku oljuštenu kamenicu omotajte polovicom slanine i učvrstite čačkalicom.
c) Stavite kamenice umotane u slaninu na lim za pečenje.
d) Pecite 12-15 minuta ili dok slanina ne postane hrskava.
e) Poslužite vruće kao divna predjela od kamenica umotanih u slaninu.

31. Začinjeni umak od kamenica

SASTOJCI:
- 1 šalica majoneze
- 1/4 šalice ljutog umaka
- 1 žlica soka od limuna
- 1 žličica Worcestershire umaka
- 16 svježih kamenica, oljuštenih i nasjeckanih
- 1/4 šalice zelenog luka, nasjeckanog
- Tortilja čips ili krekeri za posluživanje

UPUTE:
a) U zdjeli pomiješajte majonezu, ljuti umak, limunov sok i Worcestershire umak.
b) Umiješajte nasjeckane kamenice i mladi luk.
c) Ostavite u hladnjaku najmanje 30 minuta da se okusi prožmu.
d) Poslužite pikantni umak od kamenica s tortilja čipsom ili krekerima.

32. Kanapei od kamenica i krastavaca

SASTOJCI:
- 16 svježih kamenica, oljuštenih
- 1 krastavac, tanko narezan
- Kremasti sir
- Grančice kopra za ukras
- Limunova korica

UPUTE:
a) Svaku krišku krastavca namažite krem sirom.
b) Stavite oljuštenu kamenicu na krem sir.
c) Ukrasite grančicama kopra i malo limunove korice.
d) Poslužite kao osvježavajuće kanapee.

33. Salsa tostadas od kamenica i manga

SASTOJCI:
- 16 svježih kamenica, oljuštenih
- 8 malih tostada školjki
- 1 šalica manga, narezanog na kockice
- 1/2 šalice crvenog luka, sitno nasjeckanog
- 1/4 šalice cilantra, nasjeckanog
- Kriške limete za ukras

UPUTE:
a) Na svaku školjku tostade stavite oljuštene kamenice.
b) U zdjeli pomiješajte mango narezan na kockice, crveni luk i cilantro.
c) Žlicom prelijte salsu od manga preko kamenica.
d) Ukrasite kriškama limete.
e) Poslužite kao živopisna tostada predjela.

34. Kamenice i Pesto Crostini

SASTOJCI:
- Kriške bageta, prepečene
- 16 svježih kamenica, oljuštenih
- Pesto umak
- Cherry rajčice, prepolovljene
- Balsamic glazura za prelijevanje

UPUTE:
a) Svaku prepečenu krišku baguettea namažite slojem pesto umaka.
b) Na pesto stavite oljuštenu kamenicu.
c) Ukrasite prepolovljenim cherry rajčicama.
d) Prelijte glazurom od balzama.
e) Poslužite kao aromatični pesto crostini.

35.Jalapeño poppers od kamenica i slanine

SASTOJCI:
- 16 svježih kamenica, oljuštenih
- 8 jalapeño papričica, prepolovljenih i očišćenih od sjemenki
- Kremasti sir
- 8 kriški slanine, prerezanih na pola
- Čačkalice

UPUTE:
a) Zagrijte pećnicu na 375°F (190°C).
b) U svaku polovicu jalapeña namažite krem sir.
c) Na krem sir stavite oljuštenu kamenicu.
d) Svaki jalapeño zamotajte s pola kriške slanine i pričvrstite čačkalicom.
e) Pecite 20-25 minuta ili dok slanina ne postane hrskava.
f) Poslužite vruće kao začinjene jalapeño poppers od kamenica.

36. Guacamole od kamenica i manga

SASTOJCI:
- 16 svježih kamenica, oljuštenih i narezanih na kockice
- 2 zrela avokada, zgnječena
- 1 mango, narezan na kockice
- 1/4 šalice crvenog luka, sitno nasjeckanog
- 1/4 šalice cilantra, nasjeckanog
- Sok od limete
- Tortilja čips za posluživanje

UPUTE:
a) U zdjeli pomiješajte kamenice narezane na kockice, zgnječeni avokado, mango narezan na kockice, crveni luk i cilantro.
b) Preko smjese iscijedite sok limete i dobro promiješajte.
c) Guacamole od kamenica i manga poslužite s tortilja čipsom.

37.Gljive punjene kamenicama i kozjim sirom

SASTOJCI:
- 16 svježih kamenica, oljuštenih
- 16 velikih gljiva, očišćenih i očišćenih od peteljki
- 4 unce kozjeg sira
- 2 žlice krušnih mrvica
- Listići svježeg timijana za ukras
- Maslinovo ulje za podlijevanje

UPUTE:
a) Zagrijte pećnicu na 375°F (190°C).
b) U zdjeli pomiješajte kozji sir i prezle.
c) Svaku gljivu nadjenite smjesom od kozjeg sira.
d) Na svaku punjenu gljivu stavite po jednu oljuštenu kamenicu.
e) Pokapati maslinovim uljem.
f) Pecite 15-20 minuta ili dok gljive ne omekšaju.
g) Ukrasite listićima svježeg timijana.
h) Poslužite toplo.

38. Ražnjići od kamenica i ananasa

SASTOJCI:
- 16 svježih kamenica, oljuštenih
- 1 šalica komadića ananasa
- 1 crvena paprika, izrezana na kvadrate
- Drveni ražnjići, natopljeni vodom
- Teriyaki glazura za prelijevanje

UPUTE:
a) Na svaki ražnjić nanizite komadić ananasa, kvadratić crvene paprike i oljuštenu kamenicu.
b) Ponovite za sve ražnjiće.
c) Pecite ražnjiće na roštilju dok kamenice ne budu kuhane.
d) Prelijte teriyaki glazurom.
e) Poslužite kao ukusne ražnjiće od kamenica i ananasa.

39. Rolice od kamenica i pršuta

SASTOJCI:
- 16 svježih kamenica, oljuštenih
- 8 kriški pršuta prepolovljenih po dužini
- Listovi svježeg bosiljka
- Čačkalice

UPUTE:
a) Zagrijte pećnicu na 400°F (200°C).
b) Svaku oljuštenu kamenicu zamotajte listićem bosiljka, a zatim pola kriške pršuta.
c) Učvrstite čačkalicama.
d) Rolice stavite na lim za pečenje.
e) Pecite 10-12 minuta ili dok pršut ne postane hrskav.
f) Poslužite vruće kao elegantne rolice od kamenica i pršuta.

40. Ceviche od kamenica i manga

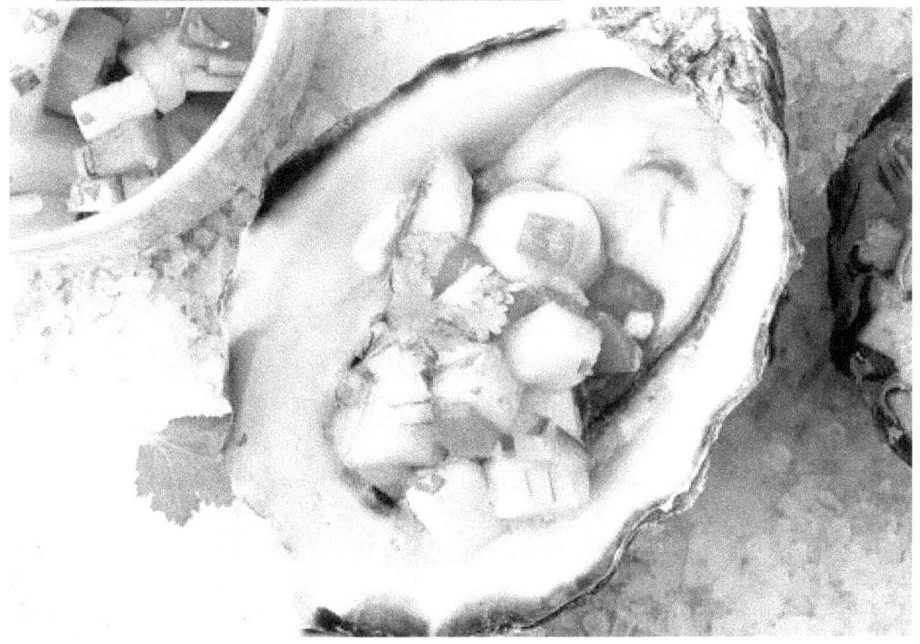

SASTOJCI:
- 16 svježih kamenica, oljuštenih i narezanih na kockice
- 1 mango, narezan na kockice
- 1 krastavac, narezan na kockice
- 1/4 šalice crvenog luka, sitno nasjeckanog
- 1 jalapeño, mljeveni
- Svježi cilantro, nasjeckan
- Sok od limete
- Tortilja čips za posluživanje

UPUTE:
a) U zdjeli pomiješajte kamenice narezane na kockice, mango, krastavac, crveni luk, jalapeño i cilantro.
b) Preko smjese iscijedite sok limete i dobro promiješajte.
c) Ostavite u hladnjaku najmanje 30 minuta da se okusi prožmu.
d) Poslužite ceviche od kamenica i manga s čipsom od tortilje.

41. Escargot stil s maslacem od kamenica i češnjaka

SASTOJCI:
- 16 svježih kamenica, oljuštenih
- 1/2 šalice neslanog maslaca, omekšalog
- 4 češnja češnjaka, nasjeckana
- 2 žlice svježeg peršina, nasjeckanog
- Kriške bageta, prepečene

UPUTE:
a) Zagrijte pećnicu na 425°F (220°C).
b) U zdjeli pomiješajte omekšali maslac, nasjeckani češnjak i nasjeckani peršin.
c) Na svaku oljuštenu kamenicu stavite malu žlicu mješavine maslaca od češnjaka.
d) Pecite 10-12 minuta ili dok se maslac ne otopi i postane mjehurić.
e) Poslužite s prepečenim kriškama baguettea.

42. Kamenice na španjolski način

SASTOJCI:
- 6 svježih kamenica
- 1/2 chorizo kobasice, sitno nasjeckane
- 1 pečena paprika (capsicum), sitno nasjeckana
- 1 žlica sherry octa
- Kamena sol (za posluživanje)
- kriške limete (za posluživanje)

UPUTE:
a) Kuhajte chorizo u tavi dok ne postane svjež, a zatim ga prebacite na tanjur obložen papirnatim ručnikom.
b) Pomiješajte chorizo, papriku i šeri u zdjeli.
c) Začinite smjesu i žlicom rasporedite 6 kamenica na sloj kamene soli.
d) Poslužite s kriškama limete.

43. Ponzu kamenice

SASTOJCI:
- 6 svježih kamenica
- 1 žlica soja umaka
- 1 žlica začina mirin
- 2 žličice soka od limuna
- 2 žličice soka od naranče
- Kovrčice mladog luka, narančina korica, prženi sezam (za ukras)
- Kamena sol (za posluživanje)

UPUTE:
a) U posudi pomiješajte sojin umak, mirin, sok od limuna i sok od naranče.
b) Žlicom prelijte smjesu preko 6 kamenica na podlogu od kamene soli.
c) Ukrasite kovrčama mladog luka, koricom naranče i prženim sjemenkama sezama.

44.kamenice mignonette

SASTOJCI:
- 6 svježih kamenica
- 2 ljutike, sitno nasjeckane
- 2 žlice bijelog vinskog octa
- 2 žlice crnog vinskog octa
- 1/2 žličice šećera
- 1/2 žličice soli
- Kamena sol (za posluživanje)

UPUTE:

a) U posudi pomiješajte ljutiku, bijeli vinski ocat, crveni vinski ocat, šećer i sol.

b) Pustite da se namače 15 minuta, a zatim žlicom nanesite 6 kamenica na sloj kamene soli.

45. Granita kamenice od krastavaca i ličija

SASTOJCI:
- 6 svježih kamenica
- 1/2 šalice ličija bez koštica u sirupu
- 1 libanonski krastavac, nasjeckan
- 1/4 šalice soka od limete
- Kamena sol (za posluživanje)

UPUTE:
a) Pomiješajte liči, krastavac i sok od limete dok ne postane glatko.
b) Zamrznite smjesu na 2 sata, zatim stružite i miješajte vilicom dok se ne zdrobi.
c) Žlicom nanesite 6 kamenica na sloj kamene soli.

46.Salsa Verde kamenice

SASTOJCI:
- 6 svježih kamenica
- 1/2 režnja češnjaka, zgnječenog
- 2 žličice kopra, sitno nasjeckanog
- 2 žličice metvice, sitno nasjeckane
- 2 žličice malih kapara, sitno nasjeckanih
- 2 žličice vlasca, sitno nasjeckanog
- 1 1/2 žlica limunovog soka
- 2 žličice maslinovog ulja
- Kamena sol (za posluživanje)

UPUTE:
a) Pomiješajte češnjak, kopar, metvicu, kapare, vlasac, limunov sok i maslinovo ulje u zdjeli.
b) Žlicom nanesite 6 kamenica na sloj kamene soli.

47. Kilpatrick Oysters

SASTOJCI:
- 6 svježih kamenica
- 2 komadića slanine, sitno nasjeckana
- 2 žlice Worcestershire umaka
- 1/4 žličice tabasco umaka
- Kamena sol (za posluživanje)

UPUTE:
a) Pecite slaninu dok ne postane hrskava, a zatim prelijte Worcestershire umakom i Tabascom.
b) Žlicom nanesite 6 kamenica na sloj kamene soli.

48.Gin & Tonic kamenice

SASTOJCI:
- 6 svježih kamenica
- 2 žlice džina
- 2 žlice tonika
- 1/2 libanonskog krastavca, očišćenog od sjemenki, sitno nasjeckanog
- Kamena sol (za posluživanje)

UPUTE:
a) Pomiješajte gin, tonic vodu i krastavac u zdjeli.
b) Žlicom nanesite 6 kamenica na sloj kamene soli.

49. Jabukovača kamenice

SASTOJCI:
- 6 svježih kamenica
- 1/2 Granny Smith jabuke, narezane na štapiće šibica
- 1 žlica jabučnog octa
- 1 žličica meda
- 1/2 žličice soli
- Kamena sol (za posluživanje)

UPUTE:
a) Pomiješajte jabuku, jabučni ocat, med i sol u posudi.
b) Žlicom nanesite 6 kamenica na sloj kamene soli.

MAINS

50.Rezanci od kamenica

SASTOJCI:
- 8 unci mee sua (tanki pšenični vermicelli rezanci)
- 2 šalice pileće ili povrtne juhe
- 1 šalica kamenica, oljuštenih i ocijeđenih
- ¼ šalice narezane svinjetine ili piletine
- 2 češnja češnjaka, mljevena
- 1 žlica soja umaka
- 1 žlica umaka od kamenica
- 1 žlica sezamovog ulja
- Sjeckani zeleni luk (za ukras)

UPUTE:
a) Skuhajte mee sua rezance prema uputama na pakiranju. Ocijedite i ostavite sa strane.
b) U loncu zagrijte pileću ili povrtnu juhu dok ne zavrije.
c) U posebnoj tavi zagrijte ulje i pirjajte nasjeckani češnjak dok ne zamiriše.
d) U tavu dodajte narezanu svinjetinu ili piletinu i kuhajte dok ne bude kuhana.
e) U tavu dodajte kamenice i kratko kuhajte dok se ne počnu uvijati.
f) Umiješajte umak od soje, umak od kamenica i sezamovo ulje.
g) Podijelite kuhane mee sua rezance u zdjelice za posluživanje.
h) Prelijte vruću juhu preko rezanaca.
i) Na vrh stavite rezance smjesom od kamenica i mesa.
j) Ukrasite nasjeckanim zelenim lukom.
k) Poslužite Ô-Á Mī-Sòa vruću kao ukusno jelo s rezancima od kamenica.

51.Tepsija od kamenica

SASTOJCI:
- 1 litra oljuštenih kamenica
- 2 šalice nasjeckanog luka
- 1 ½ šalice nasjeckanog celera
- ¾ šalice neslanog maslaca
- ½ šalice višenamjenskog brašna
- 2 šalice pola-pola vrhnja
- 2 žličice nasjeckanog svježeg peršina
- 1 žličica soli
- ½ žličice suhe majčine dušice
- ¼ žličice crnog papra
- ⅛ žličice kajenskog papra
- 4 umućena žumanjka
- 2 šalice mljevenih Ritz krekera

UPUTE:

a) Ocijedite kamenice, ali spremite liker od kamenica u manju zdjelu. U veliku tavu na srednje jakoj vatri dodajte luk, celer i ½ šalice maslaca. Pirjajte 6 minuta ili dok povrće ne omekša.

b) Dodajte višenamjensko brašno u tavu. Stalno miješajte i kuhajte 1 minutu. Uz stalno miješanje polako dodavati pola-pola vrhnja. Nastavite miješati i kuhajte oko 2 minute ili dok se umak ne zgusne i ne počne stvarati mjehuriće.

c) Smanjite vatru na najnižu. Dodajte peršin, sol, timijan, crni papar, kajenski papar i sačuvanu tekućinu od kamenica. Stalno miješajte i kuhajte 2 minute. Dodajte tučene žumanjke u manju zdjelu. U jaja dodajte 1 žlicu umaka. Mutiti dok se ne sjedini. U žumanjke dodajte još jednu žlicu umaka.

d) Mutiti dok se ne sjedini. Dodajte žumanjke u tavu i miješajte dok se ne sjedine. Maknite posudu s vatre.

e) Pošpricajte posudu za pečenje 9 x 13 neljepljivim sprejom za kuhanje. Zagrijte pećnicu na 400°. Pola umaka rasporedite po tepsiji.

f) Preko umaka rasporedite polovicu kamenica. Po vrhu pospite pola Ritz krekera. Ponovite korake slojeva još 1 put.

g) U zdjelu za mikrovalnu dodajte ¼ šalice maslaca. Stavite u mikrovalnu na 30 sekundi ili dok se maslac ne otopi. Izvadite iz mikrovalne pećnice i pospite maslacem vrh mrvica krekera. Pecite 25 minuta ili dok složenac ne postane mjehurić i ne porumeni.

h) Izvadite iz pećnice i ostavite lonac da odstoji 10 minuta prije posluživanja.

52.Jambalaya od kamenica i kobasica

SASTOJCI:
- 16 svježih kamenica, oljuštenih
- 1 šalica andouille kobasice, narezane na kriške
- 1 glavica luka, narezana na kockice
- 1 paprika, narezana na kockice
- 2 stabljike celera, narezane na kockice
- 2 šalice bijele riže dugog zrna
- 4 šalice pileće juhe
- 1 konzerva (14 unci) rajčice narezane na kockice
- 2 žličice Cajun začina
- Zeleni luk za ukras

UPUTE:
a) U velikom loncu posmeđite narezanu andouille kobasicu.
b) Dodajte luk narezan na kockice, papriku i celer, pirjajte dok povrće ne omekša.
c) Umiješajte bijelu rižu dugog zrna, rajčice narezane na kockice i začin Cajun.
d) Ulijte pileću juhu i prokuhajte.
e) Smanjite vatru, poklopite i pirjajte dok riža ne bude kuhana.
f) Dodajte oljuštene kamenice i kuhajte dok se rubovi ne savijaju.
g) Ukrasite nasjeckanim zelenim lukom.
h) Poslužite vruće.

53. Dagnje na buzaru

SASTOJCI:
- 4 žlice (½ štapića) maslaca, narezanog na male komadiće
- Sok od ½ limuna (oko 1½ žlice)
- 12 do 24 kamenice na pola školjke
- 2 šalice punomasnog mlijeka
- 1 šalica gustog vrhnja
- 1 šalica ribljeg temeljca
- 2 žlice paprike
- ½ žličice kajenskog papra

UPUTE:
a) Zagrijte roštilj.
b) U svaku školjku kamenice stavite komadić maslaca i malo limuna. Stavite na roštilj i zatvorite poklopac. Kuhajte 5 do 6 minuta, odnosno dok se maslac ne otopi. Isključite vatru i ostavite poklopac zatvoren.
c) U međuvremenu zakuhajte mlijeko, vrhnje, temeljac, papriku i kajenski paprika, ako ih koristite, u loncu od 4 litre na srednje jakoj vatri. Odmah smanjite vatru na najnižu i kuhajte 10 minuta. Pazite da mlijeko ne zagori.
d) Uklonite kamenice s roštilja i lagano dodajte njih i njihove sokove u lonac. Miješajte 1 minutu, prebacite u zdjelice i poslužite vruće.

54.Losos s kamenicama i algama

SASTOJCI:

- 1 žlica sušene alge hidžiki
- 2 žličice ulja od sjemenki grožđa
- 4 komada lososa s kožom
- 1 sol, po ukusu
- 1 svježe mljeveni bijeli papar, po ukusu
- 2 žlice maslaca
- ½ šalice poriluka narezanog na kolutiće
- 1 žlica konzerviranog đumbira
- 1 žlica rižinog octa
- 3 žlice mirina
- ⅔ šalice ribljeg temeljca
- 28 kamenica
- 1 žlica shisa

UPUTE:

a) Hijiki algu namočite u hladnoj vodi 20 minuta. Ocijedite i ostavite sa strane. U tavi zagrijte ulje.

b) Zarežite kožu na vrhu lososa kako biste spriječili da se losos savija. Losos začinite solju i bijelim paprom. Kad se tava zagrije, pirjajte losos 1½ minute.

c) Okrenite i nastavite kuhati 35 sekundi. Izvaditi iz posude. U istoj tavi rastopite 1 žlicu maslaca, dodajte poriluk i smanjite vatru. Poriluk pirjajte 2 minute.

d) Dodajte sačuvani đumbir i deglazirajte rižinim octom. Dodajte mirin i riblji temeljac, zakuhajte i maknite s vatre. Umiješajte alge hijiki i kamenice i ostavite da se kamenice zagriju.

e) Dodajte shiso, umiješajte preostali maslac i začinite solju i bijelim paprom.

f) Za sastavljanje, ravnomjerno rasporedite kamenice i poriluk u plitku zdjelu. Stavite losos na vrh i žlicom ulijte juhu.

55. Varivo od juhe od kamenica

SASTOJCI:
- 1 manji luk narezan na kockice
- 1/8 šalice mljevenog češnjaka
- 1/2 šalice sitno narezanog celera
- 1/2 šalice malog komorača narezanog na kockice
- 1/2 šalice bijelog vina
- 32 unce temeljca od školjki (konzerviranih ili svježih)
- 2 grančice timijana, nasjeckane
- 8 unci evaporiranog mlijeka
- 16 kamenica srednje veličine oljuštenih i sačuvana tekućina
- 1/2 šalice mljevenog vlasca
- 1 šalica slanine (po želji)
- Sol papar
- 4 kriške limuna
- Krekeri od kamenica (preporučeno) ili pečeni kruh po želji

UPUTE:

a) Ako koristite slaninu, dinstajte slaninu na srednje laganoj vatri i izvadite je nakon što postane hrskava. Dodati i zapržiti povrće na masnoći od slanine (ako ne koristite slaninu onda upotrijebite 2 žlice ekstra djevičanskog maslinovog ulja). Povrće svakako začinite s malo soli i papra. Kuhajte oko 5 minuta.

b) Kad luk postane proziran, dodajte bijelo vino i smanjite na pola.

c) Dodajte nasjeckani timijan i temeljac od školjki; kuhati 30 minuta do 1 sat ovisno o željenoj koncentraciji jušnog temeljca. Dodajte sok od kamenica i prilagodite začine.

d) Dodajte kamenice i popirjajte 1 minutu. Dodajte slaninu i vlasac. Maknite s vatre i umiješajte evaporirano mlijeko.

e) Poslužite s kriškom limuna, krekerima od kamenica sa strane i/ili kruhom na žaru

56. Jednostavne kamenice na žaru

SASTOJCI:
- 4 tuceta kamenica, očišćenih
- kriške limuna
- 1 C maslaca
- 1 žličica začinjene soli
- 1 žličica limunskog papra

UPUTE:
a) Zagrijte roštilj na pelete na 350F.
b) Otopite maslac sa začinjenom soli i limun paprom, dobro promiješajte. Pirjati 10 minuta.
c) Stavite kamenice, bez ljuske, na roštilj za pelete.
d) Kad se školjke otvore (3-5 minuta), nožem za kamenice odvojite kamenicu od gornje školjke i gurnite je natrag u šalicu s vrućim pićem od kamenica. Bacite poklopac.
e) Dodajte žličicu začinjenog maslaca i poslužite.

57. Češnjak Asiago kamenice

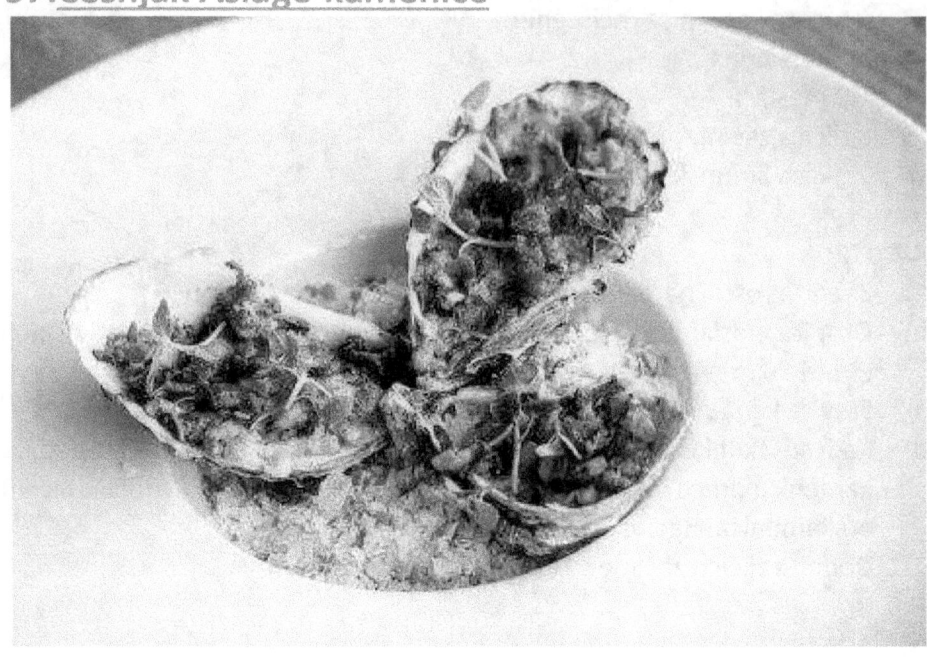

SASTOJCI:
- 1 lb maslaca od slatkog vrhnja
- 1 žlica mljeveni češnjak
- 2 tuceta svježih kamenica
- ½ šalice ribanog Asiago sira
- Francuski kruh, zagrijan
- ¼ šalice vlasca, narezanog na kockice

UPUTE:
a) Uključite roštilj na pelete i zagrijte ga na srednje jako.
b) Otopite maslac na srednje jakoj vatri. Smanjite vatru i umiješajte češnjak.
c) Kuhajte 1 minutu i maknite s vatre.
d) Stavite kamenice, šalicom prema dolje, na roštilj za pelete. Čim se školjke otvore, uklonite ih s roštilja.
e) Oljuštite kamenice, držeći što je više moguće tekućine od kamenica na mjestu.
f) Prerežite vezivni mišić i svaku kamenicu vratite u oklop.
g) Pokapajte svaku kamenicu s 2 žličice maslaca i pospite 1 žličicom sira. Pecite na jakoj vatri 3 minute ili dok sir ne porumeni. Pospite vlascem.
h) Uklonite s roštilja na pelete i odmah poslužite s kruhom i preostalim maslacem sa strane.

58. Wasabi kamenice

SASTOJCI:
- 12 malih pacifičkih kamenica, sirovih u ljusci
- 2 žlice bijeli vinski ocat
- 8 oz bijelog vina
- 1/4 C ljutike, mljevene
- 2 žlice wasabi senf
- 1 žlica umak od soje
- 1 C neslanog maslaca, na kockice
- 1 C nasjeckanog lišća cilantra
- Sol i crni papar po ukusu

UPUTE:
a) U loncu na srednjoj vatri pomiješajte bijeli vinski ocat, vino i ljutiku. Pirjati dok se tekućina malo ne reducira. Dodajte wasabi senf i soja umak, miješajući.
b) Na laganoj vatri postupno umiješajte maslac. Nemojte dopustiti da smjesa prokuha. umiješajte cilantro i maknite s vatre.
c) Kamenice kuhajte dok se ljuske tek ne otvore . Kamenice izvadite iz roštilja za pelete i odrežite vezivni mišić s gornje školjke,
d) Utisnite svaku kamenicu (u ljusci) u krupnu sol da ostane uspravna, a zatim na svaku prelijte 1-2 žličice umaka od wasabi maslaca i odmah poslužite.

59. Rižoto od kamenica i gljiva

SASTOJCI:
- 2 šalice arborio riže
- 16 svježih kamenica, oljuštenih
- 1 šalica gljiva, narezanih na ploške
- 1/2 šalice suhog bijelog vina
- 6 šalica pileće ili povrtne juhe, zagrijane
- 1/2 šalice parmezana, naribanog
- 1/4 šalice svježeg vlasca, nasjeckanog
- Maslinovo ulje
- Posolite i popaprite po ukusu

UPUTE:
a) U velikoj tavi pirjajte gljive na maslinovom ulju dok ne omekšaju.
b) Dodajte Arborio rižu i kuhajte dok lagano ne prepeče.
c) Ulijte bijelo vino i kuhajte dok se uglavnom ne upije.
d) Postupno dodajte zagrijanu juhu, žlicu po žlicu, često miješajući dok riža ne postane kremasta i kuhana.
e) Zadnjih nekoliko minuta kuhanja umiješajte oljuštene kamenice.
f) Maknite s vatre, umiješajte parmezan, vlasac, sol i papar.

60. Začinjene dimljene kamenice

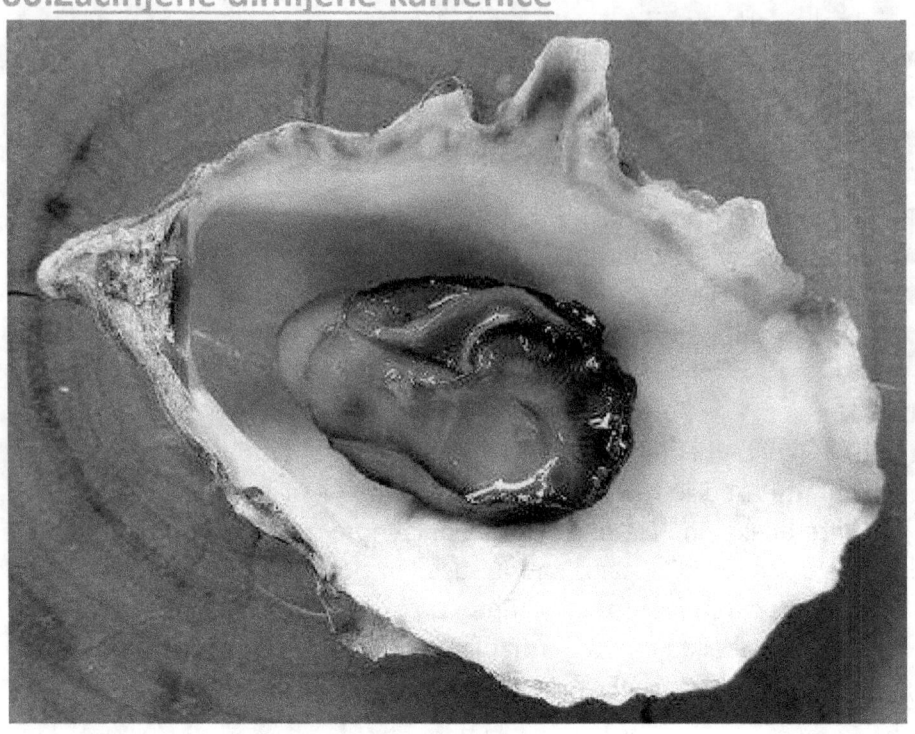

SASTOJCI:
- ½ šalice soja umaka
- 2 žlice Worcestershire umaka
- 1 šalica čvrsto pakiranog smeđeg šećera
- 2 suha lista lovora
- 2 režnja češnjaka, mljevena
- 2 žličice soli i crnog papra
- 1 žlica ljutog umaka
- 1 žlica luka u prahu
- 2 tuceta sirovih, oljuštenih kamenica
- ¼ šalice maslinovog ulja
- ½ šalice (1 štapić) neslanog maslaca
- 1 žličica češnjaka u prahu

UPUTE:
a) U velikoj posudi pomiješajte vodu, soja umak, Worcestershire, sol, šećer, lovor, češnjak, papar, ljuti umak i luk u prahu.
b) Uronite sirove kamenice u rasol i ohladite preko noći.
c) Stavite kamenice na neprianjajuću podlogu za roštilj, pokapajte ih maslinovim uljem i stavite podlogu u pušnicu.
d) Dimite kamenice 1½ do 2 sata dok ne postanu čvrste. Poslužite s maslacem i češnjakom u prahu.

61.Kamenice s umakom Mignonette

SASTOJCI:
- 12 kamenica
- za umak mignonette
- 3 žlice kvalitetnog bijelog vinskog octa
- 1 žličica suncokretovog ulja
- ¼ žličice grubo mljevenog bijelog papra u zrnu
- 1 žlica vrlo tanko narezanih vrhova mladog luka

UPUTE:

a) Da biste otvorili kamenice, omotajte jednu ruku kuhinjskom krpom i držite kamenicu u njoj tako da ravna školjka bude okrenuta prema gore. Gurnite vrh noža za kamenice u šarku, koja se nalazi na najužem mjestu, i mrdajte nožem naprijed-natrag dok šarka ne pukne i možete gurnuti nož između dvije školjke.

b) Okrenite vrh noža prema gore kako biste podigli gornju školjku, prerežite ligament i podignite školjku.

c) Oslobodite meso kamenice od donje ljuske i izvadite je, izvadite sve male komadiće ljuske.

d) Pomiješajte sastojke za umak neposredno prije posluživanja. Meso kamenica vratite u školjke i žlicom nalijte malo umaka na svaku i poslužite.

62.Kamenice sa šampanjcem Sabayon

SASTOJCI:

- 8 kamenica
- za šampanjac sabayon
- 200 ml (7 fl oz) šampanjca
- prstohvat šećera
- 3 žumanjka
- 75 g (3oz) pročišćenog maslaca, zagrijanog
- malo kajenskog papra

UPUTE:

a) Prethodno zagrijte roštilj. Kamenice otvorite i iz svake ocijedite sok. Stavite ih, još u poluljuskama, na veliki pleh za pečenje, prekrijte prozirnom folijom i odložite na stranu.

b) Stavite šampanjac i šećer u malu tavu, zakuhajte i brzo kuhajte dok se ne smanji na 4 žlice. Ulijte u veliku vatrostalnu zdjelu i ostavite da se ohladi.

c) Dodajte žumanjke, stavite zdjelu na tavu s vodom koja jedva ključa i snažno miješajte dok smjesa ne postane enormno povećana na volumenu, postane gusta, lagana i pjenasta te ostavlja trag za sobom kad se polije po površini.

d) Maknite zdjelu s vatre i vrlo polako umiješajte topli pročišćeni maslac. Začinite po želji s malo soli.

e) Žlicom stavite 1 žlicu šampanjca sabayona na svaku kamenicu i vrlo lagano pospite svaku s malim prstohvatom kajenskog papra. Stavite ispod roštilja oko 30 sekundi dok lagano ne porumene, a zatim podijelite kamenice na dva tanjura i odmah poslužite.

f) Da biste napravili pročišćeni maslac, stavite maslac u malu tavu i ostavite na vrlo laganoj vatri dok se ne otopi.

63. Pržene kamenice s konfetima od čilija i češnjaka

SASTOJCI:
- 1 posuda malih oljuštenih kamenica (16 unci).
- ½ šalice rižinog brašna
- ½ šalice višenamjenskog brašna, podijeljeno
- ½ žličice praška za pecivo
- Košer soli
- Mljeveni bijeli papar
- ¼ žličice luka u prahu
- ¾ šalice gazirane vode, ohlađene
- 1 žličica sezamovog ulja
- 3 šalice biljnog ulja
- 3 velika režnja češnjaka, tanko narezana
- 1 mali crveni čili, sitno narezan
- 1 mali zeleni čili, sitno narezan
- 1 mladi luk, tanko narezan

UPUTE:
a) U zdjeli za miješanje pomiješajte rižino brašno, ¼ šalice višenamjenskog brašna, prašak za pecivo, prstohvat soli i bijelog papra te luk u prahu. Dodajte gaziranu vodu i sezamovo ulje, miješajte dok ne postane glatko i ostavite sa strane.
b) U woku zagrijte biljno ulje na srednje jakoj vatri do 375°F, ili dok ne počne mjehuriti i cvrčiti oko vrha drvene žlice.
c) Obrišite kamenice papirnatim ručnikom i ubacite ih u preostalu ¼ šalice višenamjenskog brašna. Kamenice jednu po jednu umačite u tijesto od rižinog brašna i pažljivo spuštajte u vruće ulje.
d) Pržite kamenice 3 do 4 minute, ili dok ne porumene. Prebacite na žičanu rešetku za hlađenje postavljenu preko lima za pečenje da se ocijedi. Lagano pospite solju.
e) Vratite temperaturu ulja na 375°F i kratko pržite češnjak i čili dok ne postanu hrskavi, ali još uvijek svijetle boje, oko 45 sekundi. Žičanom lopaticom izvadite iz ulja i stavite na tanjur obložen papirnatim ručnikom.
f) Složite kamenice na pladanj i preko njih pospite češnjak i čili. Ukrasite narezanim mladim lukom i odmah poslužite.

64. Kamenice na žaru s maslacem od češnjaka i parmezana

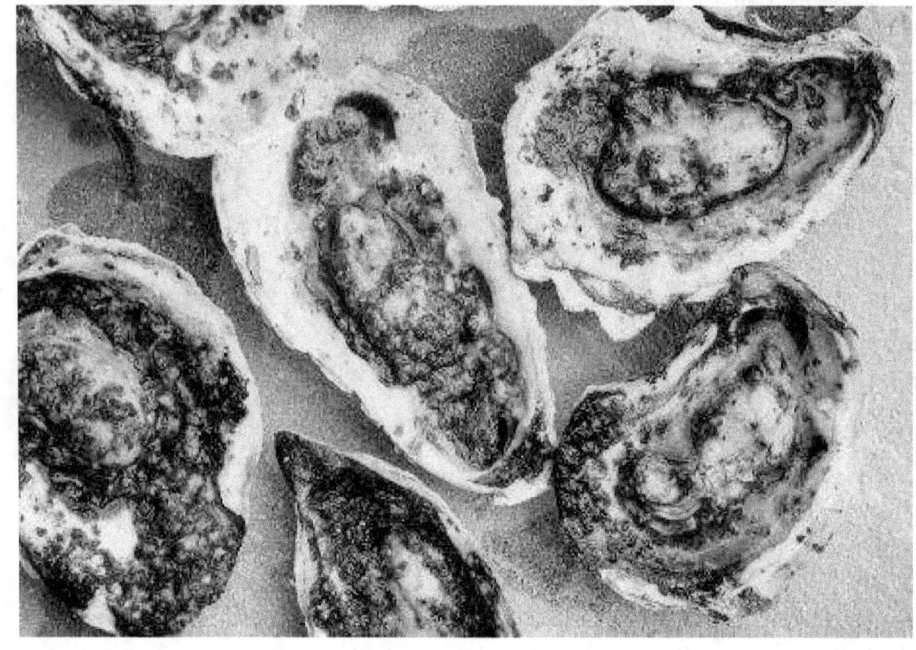

SASTOJCI:
- 24 kamenice, oljuštene, s rezervisanim pola ljuske
- 1/2 šalice neslanog maslaca, omekšalog
- 2 češnja češnjaka, mljevena
- 1/2 šalice ribanog parmezana
- 1/4 šalice nasjeckanog svježeg peršina
- Sol i papar, po ukusu
- Kriške limuna, za posluživanje

UPUTE:
a) Zagrijte roštilj na visoku temperaturu.
b) U maloj zdjeli pomiješajte maslac, češnjak, parmezan, peršin, sol i papar dok se dobro ne sjedine.
c) Stavite polovice školjki kamenica na roštilj.
d) Žlicom dodajte malu količinu maslaca od parmezana od češnjaka u svaku ljusku.
e) Stavite kamenicu na vrh maslaca u svaku školjku.
f) Na vrh svake kamenice stavite još maslaca od češnjaka i parmezana.
g) Pecite kamenice na roštilju oko 5 minuta, ili dok se maslac ne otopi i dok se kamenice ne skuhaju.
h) Poslužite vruće s kriškama limuna.

65. Oyster Po' Boy

SASTOJCI:

- 1 litra svježih kamenica, oljuštenih
- 1 šalica višenamjenskog brašna
- 1 žličica češnjak u prahu
- 1 žličica paprika
- 1/2 žličice crvena paprika
- Sol i crni papar, po ukusu
- Biljno ulje, za prženje
- francuske peciva
- Zelena salata, narezana rajčica i majoneza, za posluživanje

UPUTE:

a) U plitkoj posudi pomiješajte brašno, češnjak u prahu, papriku, kajenski papar, sol i crni papar i promiješajte da se sjedini.

b) U velikoj tavi zagrijte oko 1 inč biljnog ulja na srednje jakoj vatri. Ubacite kamenice u mješavinu brašna, otresite sav višak i pržite u serijama dok ne porumene i postanu hrskave, oko 2-3 minute po seriji. Ocijedite kamenice na papirnatim ručnicima.

c) Pecive prerežite na pola po dužini, a obje strane namažite majonezom. Dodajte zelenu salatu i narezanu rajčicu, pa na vrh stavite pržene kamenice. Poslužite vruće.

66. Virginia šunka i kamenice

SASTOJCI:
- 1 funta Virginia šunke, narezane na kockice
- 2 šalice oljuštenih kamenica i njihove tekućine
- 1/2 šalice maslaca
- 1/2 šalice brašna
- 2 šalice mlijeka
- 1/2 žličice soli
- 1/4 žličice crnog papra
- U velikom loncu otopite maslac na srednjoj vatri.

UPUTE:
a) Umiješajte brašno i kuhajte 1-2 minute, ili dok smjesa ne porumeni.
b) Postupno umiješajte mlijeko i tekućinu od kamenica, stalno miješajući.
c) Dodajte šunku i kamenice i kuhajte 10-12 minuta, odnosno dok se kamenice ne skuhaju.
d) Začinite solju i crnim paprom.
e) Poslužite vruće.

67. Kamenice i školjke

SASTOJCI:
- 2 tuceta kamenica
- 2 tuceta brijača
- 2 žlice svježe jalapeno paprike
- ½ šalice crvenog vinskog octa
- 2 žlice šećera
- 1 žličica soli
- 2 žlice crvenog luka; sitno nasjeckan
- 6 listova metvice; šifonada

UPUTE:
a) Zagrijte roštilj ili roštilj.
b) Oribajte i očistite kamenice i školjke i ocijedite ih
c) U manju posudu za miješanje stavite nasjeckanu papriku, ocat, šećer, sol, luk i metvicu te promiješajte.
d) Stavite školjke na roštilj i pecite dok se školjke ne otvore.
e) Izvadite i stavite na pladanj prekriven kamenom soli.
f) Stavite umak za umakanje u sredinu i poslužite s vilicama za koktele.

68. Pileća prsa punjena kamenicama i špinatom

SASTOJCI:
- 4 pileća prsa bez kože i kostiju
- 16 svježih kamenica, oljuštenih
- 1 šalica svježeg špinata, nasjeckanog
- 1/2 šalice feta sira, izmrvljenog
- 2 žlice maslinovog ulja
- Posolite i popaprite po ukusu
- Kriške limuna za posluživanje

UPUTE:
a) Zagrijte pećnicu na 375°F (190°C).
b) U zdjeli pomiješajte nasjeckani špinat i izmrvljenu fetu.
c) Zarežite džepić na svaka pileća prsa.
d) Svaki džep napunite mješavinom špinata i fete i oljuštenim kamenicama.
e) Pileća prsa posolite i popaprite.
f) Zagrijte maslinovo ulje u tavi za pećnicu i ispecite piletinu s obje strane.
g) Prebacite tavu u pećnicu i pecite 20-25 minuta ili dok piletina ne bude pečena.
h) Poslužite s kriškama limuna.

69.Tjestenina s kamenicama i škampima

SASTOJCI:
- 1 funta linguina ili špageta
- 16 svježih kamenica, oljuštenih
- 1 funta velikih škampa, oguljenih i očišćenih
- 4 češnja češnjaka, nasjeckana
- 1/2 šalice bijelog vina
- 1 šalica cherry rajčica, prepolovljenih
- 1/4 šalice svježeg peršina, nasjeckanog
- Maslinovo ulje
- Posolite i popaprite po ukusu
- Rendani parmezan za posluživanje

UPUTE:
a) Skuhajte tjesteninu prema uputama na pakiranju.
b) U tavi pirjajte češnjak na maslinovom ulju dok ne zamiriše.
c) Dodajte škampe i oljuštene kamenice, kuhajte dok škampi ne porumene.
d) Zalijte bijelim vinom i pustite da lagano kuha nekoliko minuta.
e) Ubacite cherry rajčice i svježi peršin.
f) Posolite i popaprite.
g) Smjesu plodova mora pomiješajte s kuhanom tjesteninom.
h) Poslužite s ribanim parmezanom.

70.Tacosi od kamenica na žaru

SASTOJCI:
- 16 svježih kamenica, oljuštenih
- 8 malih tortilja od brašna
- 1 šalica crvenog kupusa, nasjeckanog
- 1 avokado, narezan
- Kriške limete za posluživanje
- Chipotle mayo ili vaš omiljeni umak

UPUTE:
a) Zagrijte roštilj.
b) Pecite oljuštene kamenice 2-3 minute sa svake strane.
c) Tople tortilje na roštilju.
d) Sastavite tacose s pečenim kamenicama, nasjeckanim crvenim kupusom i narezanim avokadom.
e) Prelijte chipotle majonezom ili vašim omiljenim umakom.
f) Poslužite s kriškama limete.

71.Kamenice i slanina Carbonara

SASTOJCI:
- 1 funta špageta
- 16 svježih kamenica, oljuštenih
- 8 kriški slanine, nasjeckane
- 4 češnja češnjaka, nasjeckana
- 3 velika jaja
- 1 šalica ribanog pecorino romano sira
- Sol i crni papar po ukusu
- Svježi peršin za ukras

UPUTE:
a) Skuhajte špagete prema uputama na pakiranju.
b) U tavi ispecite nasjeckanu slaninu dok ne postane hrskava.
c) Dodajte nasjeckani češnjak i pirjajte minutu.
d) U zdjeli umutite jaja, sir Pecorino Romano, sol i crni papar.
e) Skuhane špagete ocijedite i dodajte u tavu sa slaninom i češnjakom.
f) Prelijte smjesu jaja i sira preko tjestenine, brzo promiješajte da se sjedini.
g) Dodajte oljuštene kamenice i miješajte dok se ne zagriju.
h) Ukrasite svježim peršinom.
i) Poslužite odmah.

72.Oyster i Teriyaki Stir-Fry

SASTOJCI:
- 16 svježih kamenica, oljuštenih
- 2 šalice cvjetića brokule
- 1 crvena paprika, narezana na ploške
- 1 mrkva, julienned
- 1 šalica graška
- 1/2 šalice teriyaki umaka
- 2 žlice biljnog ulja
- 2 šalice kuhane riže s jasminom
- Sezamove sjemenke za ukras
- Zeleni luk, narezan na ploške, za ukras

UPUTE:
a) Zagrijte biljno ulje u woku ili velikoj tavi.
b) Popržite brokulu, papriku, mrkvu i grašak dok ne postanu hrskavi.
c) Dodajte oljuštene kamenice i pržite uz miješanje dok se rubovi ne savijaju.
d) Ulijte teriyaki umak i pomiješajte.
e) Poslužite preko kuhane riže od jasmina.
f) Ukrasite sjemenkama sezama i narezanim mladim lukom.

JUHE I JUHE

73.Crockpot biskvit od jastoga

SASTOJCI:
- 1 glavica luka nasjeckana
- 5 žlica maslaca
- 3 zelena poriluka, narezana na ploške
- 1 šalica jastoga, nasjeckanog
- 2 mrkve oguljene i narezane na kockice
- 2 šalice soka od školjki
- 3 šalice razdvojenih oklopa i repova jastoga
- 1 rajčica, očišćena od sjemenki, oguljena i nasjeckana
- 1 šalica kamenica

UPUTE:
a) Na malo maslaca pirjajte poriluk, luk, rajčicu i mrkvu.
b) Prebacite u lonac zajedno s oklopima jastoga i tekućinom od kamenica i kuhajte na laganoj vatri 1 sat.
c) Skinite ljuske i bacite ih.
d) Dodajte preostalu tekućinu uz snažno miješanje; dovesti do vrenja.
e) Dodajte kamenice, povrće i meso jastoga i kuhajte bez poklopca otprilike 10 minuta.

74. Čorba od kamenica i slatkog krumpira

SASTOJCI:
- 16 svježih kamenica, oljuštenih
- 2 slatka krumpira, oguljena i narezana na kockice
- 1 glavica luka nasjeckana
- 4 šalice pileće ili povrtne juhe
- 1 šalica kokosovog vrhnja
- 2 žlice maslinovog ulja
- 1 žličica mljevenog kima
- Posolite i popaprite po ukusu
- Nasjeckani zeleni luk za ukras

UPUTE:
a) U loncu na maslinovom ulju pirjajte nasjeckani luk dok ne omekša.
b) Dodati batat narezan na kockice, mljeveni kumin, pileću ili povrtnu juhu, te pustiti da lagano kuha.
c) Dodajte oljuštene kamenice i kuhajte dok se rubovi ne savijaju.
d) Umiješajte kokosovo vrhnje i pirjajte dok se ne zagrije.
e) Posolite i popaprite.
f) Ukrasite nasjeckanim zelenim lukom.
g) Poslužite vruće.

75. Čorba od kamenica i kukuruza

SASTOJCI:
- 16 svježih kamenica, oljuštenih
- 1 šalica kukuruznih zrna
- 4 kriške slanine, nasjeckane
- 1 glavica luka, narezana na kockice
- 2 krumpira, narezana na kockice
- 3 šalice pileće juhe
- 1 šalica gustog vrhnja
- Sol i crni papar po ukusu
- Nasjeckani vlasac za ukras

UPUTE:
a) U većem loncu kuhajte nasjeckanu slaninu dok ne postane hrskava.
b) Dodajte luk narezan na kockice i kuhajte dok ne omekša.
c) Umiješajte krumpir narezan na kockice i zrna kukuruza.
d) Ulijte pileću juhu i kuhajte dok krumpir ne omekša.
e) Dodajte oljuštene kamenice i kuhajte dok se rubovi ne savijaju.
f) Ulijte vrhnje i pirjajte dok se ne zagrije.
g) Začinite solju i crnim paprom.
h) Ukrasite nasjeckanim vlascem.
i) Poslužite vruće.

76. Juha od kamenica s đumbirom

SASTOJCI:

- 12 pacifičkih kamenica
- 1,5 litara (2½ pinte) hladnog, kvalitetnog pilećeg temeljca
- 2 žličice tajlandskog ribljeg umaka
- 1 žličica svijetlog soja umaka
- 1 srednje ljuti zeleni čili, očišćen od sjemenki i grubo narezan
- 1 cm (½in) komad svježeg korijena đumbira, narezanog na ploške
- 100 g (4oz) jeftinog fileta bijele ribe, sitno nasjeckanog
- 50 g (2oz) poriluka, narezanog na tanke ploške
- 1 bjelanjak
- nekoliko listova estragona, češnjevaca i mladog peršina, za ukras

UPUTE:

a) Kamenice otvorite i izlijte sok u zdjelu. Oslobodite meso kamenica od ljuštura i držite ih na hladnom dok ne zatrebaju.

b) U veliku tavu stavite sok od kamenica, hladni pileći temeljac, tajlandski riblji umak, soja umak, zeleni čili, đumbir, nasjeckanu ribu, poriluk, bjelanjak i 1 žličicu soli.

c) Stavite na srednje jaku vatru i polako prokuhajte, miješajući smjesu s vremena na vrijeme. Pustite temeljac da snažno ključa 5-10 sekundi, zatim smanjite vatru i ostavite da lagano krčka 30 minuta.

d) Procijedite juhu u čistu tavu kroz fino sito obloženo dvostrukom debljinom muslina. Meso kamenica narežite uzdužno na 2 ili 3 kriške, ovisno o veličini.

e) Ponovno zakuhajte juhu, dodajte kriške kamenica i ostavite da lagano kuhaju samo 5 sekundi.

f) Zatim ulijte juhu u zagrijane zdjelice i svaku obilato pospite listovima začinskog bilja. Poslužite odmah.

77. Dimljena juha od kamenica i krumpira

SASTOJCI:
- 16 svježih kamenica, oljuštenih
- 4 krumpira oguljena i narezana na kockice
- 1 glavica luka, narezana na kockice
- 4 šalice pileće juhe
- 1 šalica mlijeka
- 4 kriške slanine, kuhane i izmrvljene
- 2 žlice maslaca
- Dimljena paprika i vlasac za ukras
- Posolite i popaprite po ukusu

UPUTE:
a) U loncu na maslacu pirjajte luk narezan na kockice dok ne omekša.
b) Dodajte krumpir narezan na kockice, pileću juhu i pustite da lagano kuha.
c) Dodajte oljuštene kamenice i kuhajte dok se rubovi ne savijaju.
d) Umiješajte mlijeko i kuhajte dok se ne zagrije.
e) Posolite i popaprite.
f) Ulijte juhu u zdjelice i pospite izmrvljenom slaninom, dimljenom paprikom i nasjeckanim vlascem.
g) Poslužite toplo.

78. Juha od lotosovog korijena i gljiva

SASTOJCI:
- 340 g korijena lotosa očišćenog i narezanog na komade
- 40 g morske mahovine
- 8 komada kineske gljive
- 8 komada suhe kamenice
- 2 litre bistrog pilećeg temeljca

UPUTE:
a) Namočite gljive i očistite peteljku.
b) Osušene kamenice i morsku mahovinu namočite i očistite.
c) Dodajte sve sastojke u lonac za temeljac i zakuhajte.
d) Smanjite vatru i kuhajte 2 sata.
e) Posolite.

79. Lagniappe čili

SASTOJCI:
- 1 funta sušenog pinto graha
- 6 litara vode ili goveđeg temeljca
- 2 lista lovora
- 3 unce sušenih rajčica
- 1 žlica kadulje
- 1 žličica origana
- 3 žličice Cayenne praha
- 1 žlica sjemena crne gorušice; pečena
- 1 žlica sjemenki kumina; pečena
- ½ šalice Worcestershire umaka
- ½ šalice Nuoc mam
- ¼ šalice crnog papra
- ¼ šalice ljute paprike
- ¼ šalice mljevenog kumina
- 4 veće Chipotle paprike; rastrgana na komade
- 2 veće Jalapeno paprike; nasjeckana
- 2 kilograma svježih rajčica; nasjeckana
- 1 limenka (28 oz) pelata; nasjeckana
- 12 unci paste od rajčice
- 2 glavice češnjaka; pritisnut
- 2 veće glavice žutog luka; nasjeckana
- 4 žlice Canola ulja
- 1 funta kielbase
- 3 funte mljevene junetine
- 2 žlice suhih škampa
- 1 šalica dimljenih kamenica
- ¼ šalice meda
- Posolite po ukusu

UPUTE:

a) Namočite pinto grah preko noći. Sljedećeg jutra ocijedite grah, odbacite one koji plutaju.
b) Zagrijte vodu ili goveđi temeljac, dodajte pintos. Pustite da polako zavrije, smanjite vatru, dodajte lovor i kuhajte dva sata. Dok se mahune krčkaju, u manju suhu tavu stavite jednu žlicu sjemenki kima i jednu žlicu sjemenki crne gorušice. Pojačajte vatru i kuhajte neprestano miješajući dok sjemenke *samo* ne počnu pucati. Odmah maknite s vatre i zdrobite u mužaru ili kuhači. rezerva.
c) Zatim u mahune dodajte sve suhe začine, rajčicu i chipotle papriku. Dobro promiješati. Dodajte worcestershire umak i nuoc mam, promiješajte. U veliku tavu stavite četiri žlice ulja, nasjeckajte luk i jalapeno papričicu i pržite na srednje jakoj vatri dok luk ne postane proziran. Dodajte u chili pot, promiješajte. Narežite pola kilograma kielbase, zapržite u tavi, dodajte čiliju. Sada zapržite tri kilograma mljevene govedine, sjeckajući lopaticom na komade veličine zalogaja. Maknite s vatre, ocijedite i dodajte čiliju.
d) Sada protisnite dvije glavice (oko 25 češnja) češnjaka u čili. Dodajte sušene škampe i dimljene kamenice. Promiješajte, pustite da zavrije, smanjite na srednju temperaturu i kuhajte poklopljeno još jedan do dva sata, povremeno miješajući.
e) Petnaestak minuta prije posluživanja dodajte četvrtinu šalice meda, promiješajte i posolite po ukusu. Maknite s vatre i poslužite.

80.Začinjena juha od kamenica i rajčice

SASTOJCI:
- 16 svježih kamenica, oljuštenih
- 1 glavica luka nasjeckana
- 2 češnja češnjaka, mljevena
- 1 konzerva (28 unci) rajčice narezane na kockice
- 4 šalice pileće juhe
- 1 žličica dimljene paprike
- 1/2 žličice kajenskog papra
- Posolite i popaprite po ukusu
- Svježi cilantro za ukras

UPUTE:
a) U loncu pirjajte nasjeckani luk i nasjeckani češnjak dok ne omekšaju.
b) Dodajte rajčicu narezanu na kockice i pileću juhu, prokuhajte.
c) Smanjite vatru i kuhajte 15 minuta.
d) Dodajte oljuštene kamenice i kuhajte dok se rubovi ne savijaju.
e) Umiješajte dimljenu papriku i kajenski papar.
f) Posolite i popaprite.
g) Ukrasite svježim cilantrom.
h) Poslužite vruće.

81.Krumpirova juha od kamenica i poriluka

SASTOJCI:
- 16 svježih kamenica, oljuštenih
- 2 poriluka narezana na ploške
- 3 krumpira oguljena i narezana na kockice
- 4 šalice pileće ili povrtne juhe
- 1 šalica mlijeka
- 2 žlice maslaca
- Posolite i popaprite po ukusu
- Svježi kopar za ukras

UPUTE:
a) U loncu na maslacu pirjajte narezani poriluk dok ne omekša.
b) Dodajte krumpir narezan na kockice, pileću ili povrtnu juhu i kuhajte dok krumpir ne omekša.
c) Dodajte oljuštene kamenice i kuhajte dok se rubovi ne savijaju.
d) Ulijte mlijeko i kuhajte dok se ne zagrije.
e) Posolite i popaprite.
f) Ukrasite svježim koprom.
g) Poslužite toplo.

82. Posuda s azijskim krizantemama

SASTOJCI:
- 2 litre pileće juhe
- ¾ žlice sezamovog ulja
- 2 žličice soli
- 4 unce celofanski rezanci s niti graha
- 1 glavica kupusa, nasjeckana
- 1 funta špinata, svježeg
- 2 pileća prsa bez kostiju
- 8 unci pilećih jetrica
- 8 unci svinjskog filea
- 8 unci čvrste bijele ribe
- 8 unci škampi
- 1 šalica kamenica
- 3 žlice soja umaka
- 2 žlice šerija
- 2 velike krizanteme

UPUTE:
a) Sve meso i povrće narežite na kineski način.
b) U loncu za posluživanje zakuhajte pileći temeljac, ulje i sol.
c) Rezance i sve sirovine atraktivno posložite na pladanj.
d) Dodajte sherry i umak od soje u juhu koja vrije.
e) Dajte gostima štapiće i zdjelice za posluživanje. pozovite goste da dodaju sirove sastojke u juhu.
f) Neka se kuha samo dok riba i škampi ne budu neprozirni.
g) Neposredno prije nego što se gosti posluže iz lonca, pospite lišće krizantema po vrhu mjehurićave juhe.
h) Juhu poslužite u zdjelicama.

83. Biskvit od kamenica i divljih gljiva

SASTOJCI:
- 16 svježih kamenica, oljuštenih
- 2 šalice šumskih gljiva, narezanih na ploške
- 1 glavica luka, narezana na kockice
- 4 češnja češnjaka, nasjeckana
- 4 šalice pileće ili povrtne juhe
- 1 šalica gustog vrhnja
- 2 žlice maslinovog ulja
- Posolite i popaprite po ukusu
- Listići svježeg timijana za ukras

UPUTE:
a) U loncu na maslinovom ulju pirjajte luk narezan na kockice i nasjeckani češnjak dok ne omekšaju.
b) Dodati narezane šumske gljive i kuhati dok ne omekšaju.
c) Ulijte pileću ili povrtnu juhu i zakuhajte.
d) Dodajte oljuštene kamenice i kuhajte dok se rubovi ne savijaju.
e) Umiješajte gusto vrhnje i pirjajte dok se ne zagrije.
f) Posolite i popaprite.
g) Ukrasite listićima svježeg timijana.
h) Poslužite toplo.

84.Juha od kamenica i pečene crvene paprike

SASTOJCI:
- 16 svježih kamenica, oljuštenih
- 2 crvene paprike babure, pečene i oguljene
- 1 glavica luka nasjeckana
- 2 mrkve, nasjeckane
- 4 šalice pileće ili povrtne juhe
- 1 šalica kokosovog mlijeka
- 2 žlice maslinovog ulja
- Posolite i popaprite po ukusu
- Dimljena paprika za ukras

UPUTE:
a) U loncu na maslinovom ulju pirjajte nasjeckani luk i mrkvu dok ne omekšaju.
b) Dodajte pečenu i oguljenu crvenu papriku, pileću ili povrtnu juhu i pustite da lagano kuha.
c) Dodajte oljuštene kamenice i kuhajte dok se rubovi ne savijaju.
d) Miksajte juhu dok ne postane glatka.
e) Umiješajte kokosovo mlijeko i kuhajte dok se ne zagrije.
f) Posolite i popaprite.
g) Ukrasite posipom dimljene paprike.
h) Poslužite vruće.

85. Velouté od kamenica i kukuruza

SASTOJCI:
- 16 svježih kamenica, oljuštenih
- 2 šalice kukuruznih zrna
- 1 glavica luka, narezana na kockice
- 4 šalice pileće ili povrtne juhe
- 1 šalica mlijeka
- 2 žlice maslaca
- Sol i bijeli papar po ukusu
- Svježi peršin za ukras

UPUTE:
a) U loncu na maslacu pirjajte luk narezan na kockice dok ne omekša.
b) Dodajte zrna kukuruza, pileću ili povrtnu juhu i pustite da lagano kuha.
c) Dodajte oljuštene kamenice i kuhajte dok se rubovi ne savijaju.
d) Miksajte juhu dok ne postane glatka.
e) Umiješajte mlijeko i kuhajte dok se ne zagrije.
f) Začinite solju i bijelim paprom.
g) Ukrasite svježim peršinom.
h) Poslužite toplo.

86. Juha od plodova mora od kamenica i šafrana

SASTOJCI:
- 16 svježih kamenica, oljuštenih
- 1/2 šalice škampi, oguljenih i očišćenih
- 1/2 šalice jakobovih kapica
- 1 glavica luka sitno nasjeckana
- 2 češnja češnjaka, mljevena
- 4 šalice ribljeg temeljca
- 1/4 žličice šafranovih niti
- 1 šalica rajčice narezane na kockice
- 2 žlice maslinovog ulja
- Posolite i popaprite po ukusu
- Svježi cilantro za ukras

UPUTE:
a) U loncu na maslinovom ulju pirjajte nasjeckani luk i nasjeckani češnjak dok ne omekšaju.
b) Dodajte škampe i jakobove kapice, kuhajte dok ne počnu postajati neprozirni.
c) Ulijte riblji temeljac, šafranove niti i rajčice narezane na kockice. Pirjajte 10-15 minuta.
d) Dodajte oljuštene kamenice i kuhajte dok se rubovi ne savijaju.
e) Posolite i popaprite.
f) Ukrasite svježim cilantrom.
g) Poslužite vruće.

87.Kremasta juha od kamenica i krumpira

SASTOJCI:
- 16 svježih kamenica, oljuštenih
- 4 krumpira oguljena i narezana na kockice
- 1 glavica luka nasjeckana
- 4 šalice pileće juhe
- 1 šalica gustog vrhnja
- 2 žlice maslaca
- 2 žlice višenamjenskog brašna
- Komadi slanine za ukras
- Nasjeckani vlasac za ukras
- Posolite i popaprite po ukusu

UPUTE:
a) U loncu na maslacu pirjajte nasjeckani luk dok ne omekša.
b) Dodajte krumpir narezan na kockice i pileću juhu, pirjajte dok krumpir ne omekša.
c) U malom loncu napravite zapršku tako što ćete otopiti maslac i umiješati brašno dok ne postane glatko.
d) Postupno umiješajte zapršku u juhu da se zgusne.
e) Dodajte oljuštene kamenice i kuhajte dok se rubovi ne savijaju.
f) Ulijte vrhnje i pirjajte dok se ne zagrije.
g) Posolite i popaprite.
h) Ukrasite komadićima slanine i nasjeckanim vlascem.
i) Poslužite toplo.

88. Juha od kamenica i celera

SASTOJCI:
- 16 svježih kamenica, oljuštenih
- 1 celer oguljen i narezan na kockice
- 1 poriluk, narezan na ploške
- 4 šalice pileće ili povrtne juhe
- 1 šalica mlijeka
- 2 žlice maslinovog ulja
- 1 žličica mljevenog muškatnog oraščića
- Sol i bijeli papar po ukusu
- Svježi timijan za ukras

UPUTE:
a) U loncu na maslinovom ulju pirjajte narezani poriluk dok ne omekša.
b) Dodajte kockice celera i pileću ili povrtnu juhu, pirjajte dok celer ne omekša.
c) Dodajte oljuštene kamenice i kuhajte dok se rubovi ne savijaju.
d) Umiješajte mlijeko i kuhajte dok se ne zagrije.
e) Začinite mljevenim muškatnim oraščićem, soli i bijelim paprom.
f) Ukrasite svježim timijanom.
g) Poslužite vruće.

89. Dimljena juha od kamenica

SASTOJCI:
- 16 dimljenih kamenica, konzerva
- 4 krumpira oguljena i narezana na kockice
- 1 glavica luka, narezana na kockice
- 4 šalice pileće juhe
- 1 šalica mlijeka
- 2 žlice maslaca
- 2 žlice višenamjenskog brašna
- Dimljena paprika za ukras
- Nasjeckani peršin za ukras
- Posolite i popaprite po ukusu

UPUTE:
a) U loncu na maslacu pirjajte luk narezan na kockice dok ne omekša.
b) Dodajte krumpir narezan na kockice i pileću juhu, pirjajte dok krumpir ne omekša.
c) U malom loncu napravite zapršku tako što ćete otopiti maslac i umiješati brašno dok ne postane glatko.
d) Postupno umiješajte zapršku u juhu da se zgusne.
e) Dodajte dimljene kamenice i kuhajte dok se ne zagriju.
f) Umiješajte mlijeko i kuhajte dok se ne zagrije.
g) Posolite i popaprite.
h) Ukrasite dimljenom paprikom i nasjeckanim peršinom.
i) Poslužite toplo.

90.Biskvit od kamenica i komorača

SASTOJCI:
- 16 svježih kamenica, oljuštenih
- 1 lukovica komorača, nasjeckana
- 1 glavica luka nasjeckana
- 4 šalice pileće ili povrtne juhe
- 1 šalica gustog vrhnja
- 2 žlice maslinovog ulja
- 1/2 žličice mljevenog korijandera
- Posolite i popaprite po ukusu
- Tostirane sjemenke komorača za ukras

UPUTE:
a) U loncu na maslinovom ulju pirjajte nasjeckani luk i koromač dok ne omekšaju.
b) Dodajte pileću ili povrtnu juhu i kuhajte dok komorač ne omekša.
c) Dodajte oljuštene kamenice i kuhajte dok se rubovi ne savijaju.
d) Ulijte vrhnje i pirjajte dok se ne zagrije.
e) Začinite mljevenim korijanderom, solju i paprom.
f) Ukrasite prženim sjemenkama komorača.
g) Poslužite vruće.

SALATE I PRILOZI

91. Salata od kamenica i avokada

SASTOJCI:
- 2 šalice miješanog zeleniša
- 16 svježih kamenica, pečenih na žaru ili u tavi
- 1 avokado, narezan
- 1/2 šalice cherry rajčica, prepolovljenih
- Balsamic vinaigrette preljev
- Izmrvljeni feta sir za ukras

UPUTE:
a) Miješano zelje rasporedite po tanjurima.
b) Povrh stavite kamenice pečene na žaru ili u tavi, kriške avokada i cherry rajčice.
c) Prelijte balzamičnim vinaigretteom.
d) Ukrasite izmrvljenim feta sirom.
e) Poslužite kao osvježavajuću salatu za doručak.

92.Rockefeller salata od kamenica

SASTOJCI:
- 16 svježih kamenica, oljuštenih
- Miješana zelena salata (rikula, špinat, potočarka)
- 1 šalica cherry rajčica, prepolovljenih
- 1/2 šalice izmrvljenog feta sira
- 1/4 šalice balzamičnog vinaigreta
- Kriške limuna za ukras

UPUTE:
a) Rasporedite miješanu zelenu salatu na tanjur za posluživanje.
b) Na vrh stavite oljuštene kamenice.
c) Preko salate pospite prepolovljene cherry rajčice i izmrvljeni feta sir.
d) Prelijte balzamičnim vinaigretteom.
e) Ukrasite kriškama limuna.
f) Poslužite ohlađeno.

93.Salata od kamenica i kvinoje od nara

SASTOJCI:
- 16 svježih kamenica, oljuštenih
- 1 šalica kuhane kvinoje, ohlađene
- 1 šalica rikule
- 1/2 šalice sjemenki nara
- 1/4 šalice kozjeg sira, izmrvljenog

VINAIGRET OD NARA:
- 1/4 šalice soka od nara
- 2 žlice maslinovog ulja
- 1 žlica balzamičnog octa
- 1 žličica meda
- Posolite i popaprite po ukusu

UPUTE:
a) U velikoj zdjeli pomiješajte kuhanu kvinoju, rikulu, sjemenke nara i izmrvljeni kozji sir.
b) Nadjenite salatu od kvinoje oljuštenim kamenicama.
c) U maloj posudi pomiješajte sok od nara, maslinovo ulje, balzamični ocat, med, sol i papar kako biste napravili vinaigrette.
d) Prelijte vinaigrette od nara preko salate.
e) Lagano promiješajte da se sjedini.
f) Poslužite na sobnoj temperaturi.

94.Salata od kamenica i krastavaca od avokada

SASTOJCI:
- 16 svježih kamenica, oljuštenih
- 2 avokada, narezana na ploške
- 1 krastavac, narezan na ploške
- 1/4 šalice crvenog luka, tanko narezanog
- 2 žlice svježeg cilantra, nasjeckanog

VINAIGRET OD LIMETE:
- 1/4 šalice maslinovog ulja
- 2 žlice soka od limete
- 1 žličica meda
- Posolite i popaprite po ukusu

UPUTE:
a) Rasporedite kriške avokada na tanjur za posluživanje.
b) Na vrh stavite oljuštene kamenice i kriške krastavca.
c) Po salati pospite sitno narezan crveni luk.
d) U maloj posudi pomiješajte maslinovo ulje, sok limete, med, sol i papar.
e) Prelijte vinaigrette od limete preko salate.
f) Po vrhu pospite nasjeckani cilantro.
g) Poslužite odmah.

95. Salata od kamenica i manga s preljevom od čili-limete

SASTOJCI:
- 16 svježih kamenica, oljuštenih
- 2 manga, oguljena i narezana na kockice
- 1 crvena paprika, narezana na kockice
- 1/4 šalice crvenog luka, sitno nasjeckanog
- 1 jalapeño, tanko narezan
- Listići svježe mente za ukrašavanje

ČILI-LIMETA PRELJEV:
- 3 žlice maslinovog ulja
- 2 žlice soka od limete
- 1 žličica meda
- 1/2 žličice čilija u prahu
- Posolite i popaprite po ukusu

UPUTE:

a) Mango narezan na kockice posložite na tanjur za posluživanje.
b) Na vrh stavite oljuštene kamenice i crvenu papriku narezanu na kockice.
c) Po salati pospite sitno nasjeckani crveni luk i narezan jalapeño.
d) U maloj posudi pomiješajte maslinovo ulje, sok limete, med, čili u prahu, sol i papar kako biste napravili preljev.
e) Preljevom od čili-limete prelijte salatu.
f) Ukrasite listićima svježe mente.
g) Poslužite ohlađeno.

96.Salata od kamenica i lubenice

SASTOJCI:
- 16 svježih kamenica, oljuštenih
- 2 šalice lubenice, narezane na kockice
- 1 šalica feta sira, izmrvljenog
- 1/4 šalice svježeg lišća metvice, nasjeckanog
- Balsamic glazura za prelijevanje
- Posolite i popaprite po ukusu

UPUTE:
a) Kockice lubenice posložite na pladanj za posluživanje.
b) Na vrh stavite oljuštene kamenice i izmrvljeni feta sir.
c) Po salati pospite nasjeckanu svježu metvicu.
d) Prelijte glazurom od balzama.
e) Posolite i popaprite.
f) Poslužite ohlađeno.

97. Salata od kamenica i šparoga

SASTOJCI:
- 16 svježih kamenica, oljuštenih
- 1 vezica blanširanih i narezanih šparoga
- Miješana zelena salata
- 1/4 šalice pinjola, prženih

VINAIGRET OD LIMUN DIJON:
- 1/4 šalice maslinovog ulja
- 2 žlice soka od limuna
- 1 žličica Dijon senfa
- 1 žličica meda
- Posolite i popaprite po ukusu

UPUTE:
a) Rasporedite miješanu zelenu salatu na tanjur za posluživanje.
b) Na vrh stavite narezane šparoge i oljuštene kamenice.
c) U maloj posudi pomiješajte maslinovo ulje, limunov sok, dijon senf, med, sol i papar kako biste napravili vinaigrette.
d) Prelijte Lemon Dijon Vinaigrette preko salate.
e) Po vrhu pospite tostirane pinjole.
f) Poslužite odmah.

98.Salata od kamenica i kvinoje

SASTOJCI:
- 16 svježih kamenica, oljuštenih
- 1 šalica kuhane kvinoje, ohlađene
- 1 šalica cherry rajčica, prepolovljenih
- 1/2 šalice krastavca, narezanog na kockice
- 1/4 šalice feta sira, izmrvljenog

UPUTE:
a) U velikoj zdjeli pomiješajte kuhanu kvinoju, prepolovljene cherry rajčice, krastavce narezane na kockice i izmrvljeni feta sir.
b) Na vrh smjese kvinoje stavite oljuštene kamenice.
c) Lagano promiješajte da se sjedini.
d) Poslužite na sobnoj temperaturi.

99.Salata od kamenica i kus-kusa

SASTOJCI:
- 16 svježih kamenica, oljuštenih
- 1 šalica kus-kusa, kuhanog i ohlađenog
- 1 krastavac, narezan na kockice
- 1 šalica cherry rajčica, prepolovljenih
- 1/4 šalice Kalamata maslina, narezanih
- Feta sir, izmrvljen

UPUTE:
a) U velikoj zdjeli pomiješajte kuhani kus-kus, krastavac narezan na kockice, prepolovljene cherry rajčice, narezane Kalamata masline i izmrvljeni feta sir.
b) Na vrh mješavine kus-kusa stavite oljuštene kamenice.
c) Lagano promiješajte da se sjedini.
d) Poslužite na sobnoj temperaturi.

100.Slaw od kamenica i rotkvica

SASTOJCI:
- 16 svježih kamenica, oljuštenih
- 2 šalice nasjeckanog kupusa
- 1 šalica rotkvica, tanko narezanih
- 1/4 šalice grčkog jogurta
- 1 žlica jabučnog octa
- 1 žličica Dijon senfa
- 1 žličica meda
- Svježi kopar za ukras
- Posolite i popaprite po ukusu

UPUTE:
a) U velikoj zdjeli pomiješajte nasjeckani kupus i tanko narezane rotkvice.
b) Na vrh slane stavite oljuštene kamenice.
c) U maloj posudi pomiješajte grčki jogurt, jabučni ocat, dijon senf, med, sol i papar.
d) Preljev prelijte preko salame.
e) Ukrasite svježim koprom.
f) Poslužite ohlađeno.

ZAKLJUČAK

Dok završavamo naše putovanje kroz "Kompletna kuharica ljubitelja kamenica" izražavamo našu iskrenu zahvalnost što ste nam se pridružili u ovoj aromatičnoj avanturi kroz svijet kamenica. Nadamo se da je ovih 100 neodoljivih kreacija potaknulo novootkrivenu strast za kulinarskim mogućnostima koje ove oceanske delicije donose na stol.

Ova kuharica više je od puke kompilacije recepata; to je dokaz raznolike i nijansirane prirode kamenica—slavlje njihovih okusa, tekstura i radosti koju donose onima koji cijene ljepotu plodova mora. Dok uživate u posljednjim zalogajima ovih kreacija, potičemo vas da nastavite istraživati svijet kamenica, eksperimentirajući s različitim vrstama i metodama kuhanja kako biste pronašli svoje savršeno iskustvo s kamenicama.

Neka "Kompletna kuharica ljubitelja kamenica" bude izvor inspiracije za vaše kulinarske pothvate, poticanje razgovora i stvaranje trajnih uspomena za stolom. Hvala vam što ste nam dopustili da budemo dio vašeg putovanja ljubitelja kamenica. Dok nam se putevi ponovno ne ukrste u carstvu slasnih otkrića, veselog ljuštenja i prepuštanja svijetu užitaka kamenica!

www.ingramcontent.com/pod-product-compliance
Lightning Source LLC
LaVergne TN
LVHW021711060526
838200LV00050B/2605